가장 멀리 간 것들

권오휘 시집

상상인 시인선 *092*

웅크린 어깨 위로 눈발이 쌓인다

가장 슬픈 사람들이

가장 따뜻한 눈물을 흘린다고

*본문 페이지에서 한 연이 첫 번째 행에서 시작될 때에는 〈 표기를 합니다.
*저자의 의도에 따라 작품의 보조 동사와 합성 명사는 띄어쓰기가 달라질 수 있습니다.

시인의 말

  논두렁을 뛰어다니며 맡았던 흙냄새, 해 질 녘 아궁이에서 피어오르던 연기, 들녘을 가득 채우던 바람과 빗소리는 내 모든 감각과 언어가 되었습니다.

  거칠어진 손으로 나를 쓰다듬던 부모님의 손길은 내 안에 스며들어, 세상을 견디는 힘이자 시를 쓰게 하는 원천이 되었습니다. 그 어떤 위로보다 깊었던 체온이 『가장 멀리 간 것들』이 되었을 때, 나는 비로소 그리움의 실체와 마주했습니다. 그리움은 단순한 슬픔을 넘어, 나를 끊임없이 어루만지고 세상을 따뜻하게 바라보게 하는 힘이었습니다.

  이 시집의 모든 시편은 그렇게 형성된 내면의 풍경이며, 땀과 눈물로 일군 삶의 기록이자, 부모님께 물려받은 인내와 사랑을 자식들에게 다시 물려주려는 작은 유산이기도 합니다. 그리움은, 돌아올 수 없는 곳으로 떠나보낸 모든 것에 대한 아련한 이름이자 오늘의 나를 살아 있게 하는 가장 소중한 순간입니다.

2025년 가을 심유산방에서
권오휘

차례

1부 기억의 강가

가장 멀리 간 것들	19
돌멩이에 베인 기억	20
영산홍 2	21
목구랑	22
겨울 한때	24
어떤 기억	26
싸릿대 울타리	27
겨울나무는 슬픔을 안고도	28
내성천, 물수제비 되어 튕겨 오르다	30
아배의 밭고랑	33
새벽 그물	34
이른 봄, 회색의 안개	36
가오실에서	38
산에 묻다	40
선몽대, 꿈의 인장印章	42
손금	44
봄의 시작	46
그림자 위에서	48
당신이라는 오래된 강물	50
홍싸리	52
달팽이 등에 실린 이야기	53

2부 그리움의 무늬

방	59
안녕을 건네는 법	60
한 생을 받았다	62
안개 낀 겨울의 어떤 풍경	64
새뜨미	65
백의 백	66
흙	68
자귀나무	69
생명의 맥	70
콩 타작	72
시골 밤	74
밍 2	76
우망	78
나비	79
달밤	80
바람이 머무는 곳	82
한 마디 한 생	84
상처가 새긴 무늬	86
목구랑 추억	87
바람에 젖다	88

3부 바람의 언어

긴 마루에 그리움을 내려놓고	93
회룡포, 밤의 정적 위에 새겨진 서사	94
속절없이 떠나간다	96
토밭	97
수취인 불명	98
바람비	100
그 밤, 그 따뜻한	102
겨울 숲은 말없이 서서	103
늙은 어부	104
간격	106
그대의 바다	107
출가의 꿈	108
석송령	110
그대 이름, 노을에 걸다	112
자화상	114
욕망	115
노을이 빛날 무렵	116
체양의 하루	118
패철을 놓고	119
봄 햇살	120

4부 다시 걷는 길

꿈연	125
기다림이 쌓이는 자리	126
요선암 연대기	128
손톱자국	131
강물 위의 잎새 하나	132
반	134
한여름	135
가을	136
빈들에 서서	138
길의 끝에서	140
소의 눈물	141
당신의 서사	142
가랑비	143
향수바위와 오리나무	144
오래된 숲	146
그대, 그리움의 소리	148
떠나는 것은 기차만이 아니다	150
꽃잎처럼 붉게 진	151
숨	152
겨울 국수	153

해설 _ 기억과 회귀, 상실과 존재를 건너는 시적 자아   155
김영철(건국대학교 명예교수, 문학평론가)

1부

기억의 강가

가장 멀리 간 것들

상동 철길 끝은 아득했다
평구 마당 너머
보이지 않는 곳으로
모든 것은 사라져 갔다

목구랑* 굴뚝 연기처럼
논바닥 물안개처럼
나의 유년 시절도 그렇게
조용히 흐릿해져 갔다

가장 멀리 간 것들이
뇌리에 가장 선명하게 남아
내 안 깊은 곳에서
자꾸만 나를 불러 세운다

녹슨 철로 끝에 홀로 서면
어둠 속으로 빨려드는
기차의 마지막 불빛처럼
내 어린 날들이 먼 기적 소리 따라
점점 멀어져 간다

* 경북 예천군 예천읍 상동리 냇물 이름.

돌멩이에 베인 기억

상동 냇물은 푸르고 차가웠다
어린 나는 벌거벗은 채 강물에 뛰어들어
투명한 햇살 아래서
어린 살점을 내어 보였다

돌멩이에 베인 상처마다
냇물은 눈물처럼 흘렀고
그곳에서 나는
가장 원초적인 아픔을 느꼈다

강가 버들가지처럼 여린 나는
스치는 바람에도 흔들렸지만
꺾이지 않는 생명력이
그 냇물 속에서 자라났다

이 탁한 현실 속
내 그림자는 흔들리지만
그 시절 냇물은 여전히 맑고 차갑게
잊지 않고 나를 부르고 있다

영산홍 2

어제 비가 내리고
오늘 바람이 불고
한천 모래사장에
안개가 오르면
새벽별이 아침을 내린다

겨우내 텅 빈 남산
봄바람 불어오니
우리 어매 좋아하시던
영산홍 가득하다

진달래 바람에 날리고
온산 꽃 피우는 오늘
사람 냄새 하나쯤은
향기로 뿜어내고 싶다

목구랑

목구랑으로 가는 길
도랑물은 논배미 옆을 촐랑이며
한없이 제 갈 길로 흐른다

어매를 앞세우고
나는 한두 걸음 뒤따라 걷는다
풀숲 벌레 우는 소리만
볕 그늘에 아득하다

들녘에 서니
흙냄새 구수하고
볏잎 스치는 소리
바람결에 살갑다

어매는 마른 콩대
하염없이 만지시고
나는 괜히 둑길 돌부리만
소리 없이 툭툭 찬다

해는 아직 중천인데
그림자는 길어지고
낮과 밤의 들판이

서로 다른 세상처럼
저물어가는 들판에
그렇게 둘이 서 있다

낮보다 한결 무거워진
어매 발걸음
앞선 어매의 짙은 그림자에 묻혀
내 그림자도
어둠 속으로 천천히 잦아든다

목구랑 어귀 다 와 가는데
낡은 대문 삐걱이는 소리만
밤을 가르고
어매 부재의 무게만큼
어깨가 시리다

밤벌레 소리에 섞여
도랑물 흐르는 소리
서늘하게 귓가에 스치는 어스름
그 소리 여전한데

자꾸만 나를 지나친다

겨울 한때

그해 겨울, 상동
논배미들은 벼를 베어낸 자리
벌거숭이 맨땅에 서리가 그슬려 얼고
그 위로 하얀 눈송이들이 내려앉았지

얼어붙은 논바닥 위
나무 썰매 하나 "어여차"
아배는 등을 힘껏 밀어주셨지
나는 넘어질 듯 웃었고
발밑에선 쨍, 쨍,
얼음 갈라지는 소리가 났었지

마을 어귀 물가
얼음 구멍에
낚싯대 드리운 한출이 아재
입김은 하얗게 서리고
거북이 등처럼 쩍쩍 갈라진 손등
잡히는 건 시린 바람뿐이었을까

낡은 초가집 낮은 처마 끝엔
어매 눈물 같던

투명한 고드름들이 주렁주렁 매달렸다가
쨍한 겨울 햇살에 반짝이며 녹아내렸지

그 푸른 얼음판 썰매 자국
물가의 겨울 찬바람
처마 밑 고드름 떨어지던 소리까지
가슴에 꽁꽁 박혀 시리지, 시려
상동, 내 두고 온 아득한 고향의 겨울

어떤 기억

밤이 오면 상동 새뜨미 마당에서 별을 세곤 했다

내 유년은 아직도 마당 귀퉁이 그 우물 속에 잠겨 있다
손을 뻗으면 잡힐 듯 손등을 스치는 시린 환상통
낯선 현실, 돌 밟는 소리에 목이 멘다

바람이 빈자리를 쓰다듬고 간다
댓잎 스치는 소리, 어매 옷자락 같아
귀 기울이면 어둠 속 누군가
내 이름을 부르는 듯 나는 자꾸만 돌아본다

걸어온 길 돌아보면
길은 없고 발자국만 희미하다
돌아갈 수 없다는 오래된 체념이
안개처럼 퍼진다

우물물 길어 올리듯 기억을 더듬지만
두레박은 허공만 긁는다
별 하나 담으려다
떨어지는 눈물방울에
기억이 일렁인다

싸릿대 울타리

양촌골 고향집 싸릿대 울타리
그 틈새로 세상을 구경했다
그 울타리는 나를 지켜주었지만
나를 가두었던 경계이기도 했다

울타리 너머 세상은 참 넓어 보였고
나는 자꾸만 그 너머로 가고 싶었다
두려움과 설렘으로
울타리 밑을 기어 나가던
작고 고단한 몸짓의 어린 날들

이제 튼튼한 철망 속
세상을 들여다보며
그곳에 안착하고 싶어 하는 어른이 되었다
안전하지만, 답답한 그곳에서
문득, 싸릿대 울타리가 그리워진다

그 옛날 울타리는 바람에 흔들리다
부서져 사라졌지만
내 안의 울타리는 아직 남아
나를 가두고 있다

겨울나무는 슬픔을 안고도

찬 바람 부는 저녁 골목길
웅크린 어깨 위로 눈발이 쌓인다
가장 슬픈 사람들이
가장 따뜻한 눈물을 흘린다고

앙상한 겨울나무 가지마다
세월의 상처만 고스란히 앉았다
그 상처 틈새, 움트는 몽우리 하나
뿌리 깊은 어둠 속에서
봄을 기다린다

누군가에게 등을 내어주고
누군가의 손을 잡아주는 일
가장 추운 계절에 비로소 보이는
사람과 사람 사이의 온기

쓰러지지 않고 견디는 것만이
살아가는 것은 아닐지니
넘어지고 부서져도 괜찮다
다시 일어설 수 있다면
〈

겨울나무는 슬픔을 안고도
봄을 기다릴 줄 안다
이 겨울, 나도 당신처럼
어둠 속에서 별 하나 내어준다

내성천, 물수제비 되어 튕겨 오르다

내성천 푸른 물 위로
나, 하나의 돌멩이 되어 던져진다
방향은 이미 정해졌다고,
어깨만 장전되면
망설임 없이 날아갈 수 있다고
나는 주장했지

어쩌면 그것은
무모한 예단, 앞서가는 지혜였을까
지켜보던 물살은
그대로 받아들이면 될 거라고
속삭이는 듯했다

바운딩, 바운딩
온몸의 신경을 곤두세운 채
나는 바람의 훈김을 탄다

물살을 가르는 수평선들이
거침없이 찢겨나가고
예기치 못한 흔들림
멀미의 통증에도

곧 멈출 거란 나의 직감은
끝내 빗겨 갔지

수평선을 끌어안고
지평선이 되고 싶어
저만치 달아나는 나
기둥처럼 막아선 물살이
마지못해 자리를 내어줄 때
나는 물살 틈을 비집고
아슬아슬하게 달려 나갔다

나는 물살이다가
때론 허공이다가
다시 표면이었다
날아오른 찰나마다
공중으로 솟구쳤다 다시 낙하하며
멈추지 않는 뒤꿈치로
결국 앞질러 나아갔다

성근 너비의 내성천은
주름처럼 환히 빛나며

수많은 이야기를 속삭였지만
나는 함부로 그 경계를 넘나들지 않았지
구름처럼 떠다니거나
구릉처럼 봉긋 솟아
조심스레 표면을 스쳐 갔을 뿐

끝없이 이어질 것만 같은
이 끌림이 가져다준 서툰 행보
물수제비처럼
닿을 듯 비켜 가며
나는 계속 나아가고, 계속 스친다

나는 끊임없이
표면장력을 타고
바람의 경계를 넘나든다

아배의 밭고랑

세월의 그림자 길게 드리우고
땀과 눈물 섞인 흙냄새 속에서
나는 커갔다

깊은 산골 나무들처럼
아배의 삶은 거칠고 투박했다
오래된 실패의 기억들이
발자국처럼 선명하게 찍혔다

무엇인가 심고 거두는 일처럼
살아간다는 것은
상처를 파고 씨앗을 심고
고통을 견뎌 열매 맺는 것

아배의 길고 긴 밭고랑에서
나의 그림자를 바라보니
아배 삶의 무게가
내 안에 깊이 배어들었다

새벽 그물

전생의 인연이었다면
머리카락 잘라 긴 줄을 잇고
길 떠나는 손이라도 잡아
살며시 가슴에 대었을 텐데

바람에 씻기는 말소리마저
새벽 그물에 걸려
내 주위를 맴돌게 할 텐데

그대에게 닿을 수 없는 지금
이 짙고
깊은 어둠에
어찌할 바를 모르겠다

기억 저편을 퍼 올리면
옛날의 화목이 함께 건져지고
그 시절 정경들이
하늘의 성근 구름처럼 흘러간다

생각의 길 따라
어둠을 건너는 이 깊은 밤

아련한 그리움을 어쩌지 못해
밤이슬을 밟으며
뒤뜰을 서성인다

이른 봄, 회색의 안개

향수바위 위로 이른 안개 흐른다
아무것도 피어나지 않을 것 같지만
차가운 아스팔트 틈새로
작은 풀잎 하나 고개를 든다

겨울의 상처는 아직 아물지 않았고
낡은 건물 벽처럼 스산한 풍경
깊은 어둠 속에서
새로운 빛깔이 잉태된다

아무도 들여다보지 않는
낮은 곳에서 숨죽인 생명은
뜨거운 기운으로
꽁꽁 언 발끝을 녹인다

발에 차인 돌멩이마다 눈물 맺히고
바람 소리 허공을 맴돌지만
나는 안다, 이 추위 끝에
반드시 올 따뜻한 봄날을

무엇인가 시작될 듯한 예감과

무엇인가 사라질 듯한 불안 사이
나는 지금, 안개 낀 예천의
이른 봄을 걷는다

가오실에서

가오실* 푸른 언덕
바람이 네 웃음처럼 스쳐 간다
저수지 물결 위로 번지던
그날의 웃음이 잔상처럼 떠오른다

눈 부신 햇살은 여전한데
나만 이곳에 남아
가슴엔 네 빈자리만큼
무거운 먹구름이 드리운다

가오실
우리가 앉았던 그 벤치
바람은 여전히
내 주위를 맴돌고 있다

시간이 멈춘 듯
이 섬 같은 외로움
과거에 갇힌 듯 점점 흐릿해져
사라질 듯한 내 모습이
꿈처럼 낯설다
〈

숨 막히게 일렁이는
구름 품은 물속엔
네가 있었던 그 순간처럼
추억이 물고기처럼 떠다닌다

이별을 부정하듯
물빛 따라 손을 뻗는다
그림자가 아닌 빛을 따라
네 품 안으로
조심스레 발을 떼어본다

* 경상북도 예천군 개포면에 소재한 지명.

산에 묻다

그리움마저 잃어버리고
향수바위 위에 올라
먼 안개구름을 바라본다

기억하고 싶은 모든 것
내가 알던 외로움
내가 견뎌낸 괴로움
내가 품었던 그리움
그리고 내가 사랑하던 그 모든 것들

내 안의 '나'조차
나를 떠나
알바위 사이 갈대숲
어딘가에 묻혔다

눈이 있어도
더듬거릴 뿐
어디로 가야 할지
막막하기만 한데

나는 산이 좋아

그리움과 사랑 사이에 묻어나는
그 숱한 모든 것들을
산에 묻는다

선몽대, 꿈의 인장印章

선몽대, 그 이름은 오래된 인장
내성천 푸른 혈맥이 감아 도는 땅
천년의 솔들, 굳은 심장처럼 뿌리 내려
시간의 비밀을 지키고 서 있다

신선이 내려와 꿈꾸던 곳
강물 위, 안개처럼 피어나는 그 꿈
아직도 깨어나지 못하는 걸까
붙잡힌 영혼의 숨결처럼 차가워
밤마다 꿈결 서리가 강변에 맺히네

돌아오지 않는 이야기들이
물 밑 어둠에서 멍울져 빛나는 밤
바위의 침묵 속, 아득한 발소리
사라진 약속의 흙 내음이
가슴속 어딘가에 끈적하게 들러붙는다

선몽대, 꿈과 현실의 경계는 늘 흐릿하고
강물은 흐르되, 가장 깊은 곳엔
박제된 시간이 밀도를 품은 채
스스로 붙들어 고요히 멈춰 서 있다

〈
나는 문득 묻는다
깨어나고 싶지 않은가
아니면, 깨어날 수 없는 것인가
나는 그 물소리에 오래오래 귀 기울인다
나를 잊을 때까지

손금

바람이 지나간 손등
손을 펴보면
물고기를 따라
금이 그어져 있다

소리 없는 물길 따라
영혼이 지나간 자리에
발마 소리 내며
새 금이 새겨진다

철없던 시절
파편 같은 첫 금
흔들어 보니 뚝뚝
오래된 아픔이 떨어진다

손끝에 닿은 마지막 금
붉게 꽃길처럼 번져
비탈진 삶의 경계 너머로
길게 선을 건넨다

가슴 시린 사연들 사이

옛꿈이 켜켜이 내려앉고
풍경보다 진한
향기를 피운다

봄의 시작

텃밭 굴 아래 긴 그림자
얼어붙었던 강물이 소리 없이 녹는다
아무것도 시작되지 않을 것 같던 땅
얼룩 같은 봄이 스며든다

바람은 아직 칼날 같고
지난겨울 상처는 아물지 않았다
고향 잃은 철새처럼 불안한 나는
따뜻한 곳을 찾아 자꾸만 서성인다

길가에 낮게 핀
이름 모를 풀꽃 하나
견뎌낸 것들만이 지닌
소박하고 단단한 아름다움

묵은 옷 주머니 속 낡은 사진처럼
희미해진 어린 날의 아랫목 훈기
돌아갈 수 없는 시간 앞에서
내 눈물이 자꾸 얼어붙는다

봄이 오고 있다

그러나 내 안의 해빙기는 길고
얼어붙은 심장이 녹을 때까지
나는 그림자처럼 서 있다

그림자 위에서

그림자가
사람이 그리워
마을에 왔다 갔다는
정호승 시인을 만났다

나도, 흐린 날이면 사람이 그립다
불빛을 향해 날아드는 나방처럼
목숨을 걸고 누군가에게
닿고 싶어질 때가 있다

그러다 문득
부산한 현실 속에서
친구가 나를 잊기 전에
내가 먼저 나를 잊고
그림자 속 어딘가에서
끝없이 길을 헤매고 있는
나를 발견한다

그 길 끝에서
밤마다 나를 찾기 위해
그림자를 앞세운다
〈

전생의 나
현세의 나
그리고 내세의 나와
서로 손 내밀어 악수하며
그림자 위에서
서로의 생을 읽고 있다

당신이라는 오래된 강물

산모퉁이 돌아선 저녁이었나
어둠 속 환한 들꽃처럼
세상 가장 깊은 흙에서 솟은
강렬한 생명의 숨결을, 너는 닮았다

함께 걸어온 시간은 모진 바람 같아
낡은 돌담처럼 자꾸만 허물어졌지만
너는 뿌리 깊은 나무처럼 서서
내 삶의 거친 숨결을 받아주었다

네 눈빛엔 고요한 강물이 흐르고
세상 모든 슬픔을 담고도 여전히 맑다
가만히 잡은 너의 손안에서
비로소 내가 살아 있음을 느낀다

세월이 얼굴에 주름 새기고
처음 빛깔은 조금 바래졌지만
낡은 흙집처럼 익숙하고도 다정하게
너는 나에게 다가온다

나의 깊은 상처 위로

조용히 피어나는 한 송이 꽃
아프고 슬픈 날들 다 지나고
비로소 평화롭게 머물다 흘러간다

홍싸리

멀리서 보아도
가까이 가서 보아도
참 아름다운
홍싸리

동네 우물가에
감나무도 홍싸리가 부러운 듯
주변에 감꽃을 뿌린다

우물가 홍싸리는
내 늙은 고향
맑은 바람 소리같이 정겹다

달팽이 등에 실린 이야기

예천 땅 금당실 옆
초간정이 숨어 산다
하얀 두건 쓴 할매 같은
돌담 너머 기암괴석들
그 아래 냇물은
어린 날 동무들
발목 간질이듯 흐른다

옛날 옛적, 초간 선생이 글 읽던 밤
세상 시름에 잠 못 드는 정자 마루로
작은 달팽이 한 마리 기어올랐지
그 등엔 아주 작고, 빛나는
이야기 하나가 실려 있었고
선생은 새벽이 올 때까지
가만히 귀 기울였다고

그 달팽이는 지금도 살아
이 초간정 어딘가를 기어다닌다
몸에 낡은 이끼를 묻히고
강변에 안개 자욱이 깔릴 무렵이면
반짝이는 등을 비추며

옛이야기 조각을 흘리고 간다

그 조각들은
정자 아래 너럭바위 틈에 박히고
냇물 속 물고기 비늘에 붙어
아주 천천히, 아주 작게
이 마을 사람들에게 전해진다고 했다

부자가 되는 법이 아니라
어려울 때 서로 돕는 법
미운 마음 씻어내는 법
그런 따뜻한 이야기들로

지금도 나는 초간정 마루에 앉아
강물 속을 조용히 들여다본다
혹시 달팽이 등에 실린
새로운 이야기 조각 하나
떠내려오지는 않을까 해서

백석 시인이 그랬듯
작고 보잘것없는 것들 속에서

환한 이야기 하나
건져 올리고 싶다

2부

그리움의 무늬

방

구름이 비를 몰고
내 몸을 통해
목마른 땅으로 스며든다

버리지 못한 마음
간절한 목마름으로
내리는 빗방울을
조용히 바라본다

그러다 문득
내 앞을 간 당신을 보았고
빗소리를 듣고 힘들고 처진
고목들에 생기가 돌듯
무뚝뚝한 그리움에 마음이 요동친다

소나기 퍼붓는 오후
산자락 흙바람이
연줄 되어 하늘로 오르고

신음소리조차 낼 수 없어
길을 잃고 서 있는 나의 첫 생이
고개를 들고 그대가 없는
빈방을 지키고 있다

안녕을 건네는 법

자신의 이름이 불릴 때
사람은 누구나 되돌아봅니다
그러니 떠나는 사람을
다시 불러 세우지는 마세요
그냥 가게 두는 것도 사랑입니다

남은 그리움의 조각으로
되돌아오지 않도록
말없이 길을 열어 주는 것
그것 역시 사랑입니다

사랑도 깊어지면
독이 되듯이
너무 많은 것을 품어
휘청이지 않도록
적당한 가벼움이 필요합니다

가을 달 맑은 날,
수면을 차고 오르는 물결처럼
겨울나무에 바람이 묻어나듯
두고 떠나기 아쉬운 미련도

다 건네지 못했던 마음도
깃털처럼 가벼이 안녕을 건네는 것

그것이 우리 삶이고
버거운 그리움에서
벗어나는 길입니다

한 생을 받았다

다 모아도
넘을 수 없는 벽이 있다는 걸
깨닫고 나서야
내게 드리워지는 그림자가
점점 더 길어진다는 것을
알게 되었다

바람벽에 목이 메인다는 것을
그리워하는 사람을 불러보니
알게 되었다

손짓과 소리가 물결 되어 쌓이면
보고픔이 되고
메아리 되어
생 안에서 돌고 돈다는 것

삶의 무게에 휘청이며
무릎 가득 생채기뿐이지만
묵묵히 살아왔던 한 세월의 끝

등에 진 짐

하나씩 내려놓으며
내가 받은 선물 같은
그 멋진 한 생으로
다리 한번 펴 본다

안개 낀 겨울의 어떤 풍경

차가운 흰 눈을 뒤집어쓰고
모든 소음은 얼어붙어 침묵한다
골목길 모퉁이마다 바람은
날카로운 유리 조각처럼 부서진다

나는 빈 건물 그림자 속에 서서
오래된 기억들을 들여다본다
따뜻했던 방 한 칸은 왜 이리
자꾸만 무너져 내리는 것일까

눈 녹은 자리에 드러난 시커먼 얼룩
쓰레기 더미 옆 버려진 낡은 외투 하나
어린 날의 부끄러운 이름처럼
지워지지 않고 나를 따라온다

겨울은 깊어지고, 밤은 끝이 없는데
어디에서도 나를 부르는 소리 없어
나는 차가운 안개 속에서
내일의 얼굴을 가만히 바라본다

새뜨미*

아직 다른 고향에는 가보지 않았습니다
생각하면 그곳에 어머니가 계실지도 모르겠기에
바다 건너, 산을 오르면
바람 사이로
바다와 산이 몸을 뒤척이듯
그리움도 그렇게 숨을 쉬겠지요

어머니가 계신 그곳을 위해
가보지 못한 그곳을 향해
오늘도 고개를 들어 바라봅니다

내가 지금까지 본 바다와 산은
늘 한 쪽이 비어 마음속 파도가
산바람 벽에 부딪히듯
돌고 돌아 다시 제자리에 와 있습니다

오늘도
가볼 수 없는 또 다른 고향을 향해
고개를 들어 봅니다

* 경북 예천군 예천읍 상동리 동네 이름.

백의 백

우리 어매는 말이 없었지
하얀 삼베 치마를 입고 앉아
묵묵히 바느질만 하시었지

백의 구십은
그 작고 야윈 품으로
모진 비바람 다 막아내며
나를 기르신 날들이었네

백의 십은
눈가에 말없이 맺혔던
이슬 같은 눈물방울
찬 서리 맞은 들꽃처럼
시린 날들이었지

그러나 백의 백은
따뜻한 아랫목 온기처럼
모두를 감싸 안는 정이었네
그 정으로 어매는
내 손잡고 새로운 길을 가르쳐주었지
〈

흰머리 성성한 사진 속 어매
그 살아온 백의 시간이 떠올라
가슴이 먹먹해지네
그래, 그저 고개를 끄덕일 뿐이야
어매의 백에 감사하며

흙

흙은 붉고 뜨거웠다
어린 나는 맨발로 뛰다 넘어져
무르팍 터진 자리마다
핏방울이 흙에 스며들었다

어매는 상처 위에 침 발라주고
아무것도 아니라고 하셨지만
나는 알았지, 세상의 아픔이
그 작은 상처에서 시작된다는 것을

깊은 흙 속에 뿌리 내린
이름 모를 풀꽃처럼
내 어린 생명은 그렇게
고통 속에서 꿈틀거렸다

현실 위 내 발자국엔
아무것도 묻지 않지만
내 안의 고향 흙은 여전히
붉고 뜨겁게 살아
발자취마다 숨결처럼 흔적을 남긴다

자귀나무

어매는 머리에 참을 이고
난 울퉁불퉁 낡은 막걸리 주전자를 들고
여름으로 접어드는 길
모심는 벌판으로
평온한 농노길을 걸어간다

옆으로 넓게 펼쳐진 잎들과
하늘 향해 길게 뽑은 목
하늘거리는 붉은 꽃
그 길은 온통 꽃 천지가 된다

지나는 누구에게나
한술 뜨고 가라는 넉넉한 인심
들판에서 만났던 그리운 추억

계절이 지난 지금도
그 좁은 논두렁을 걷다 보면
어머니의 머리에 인 무거운 짐과
가벼워진 주전자
작은 바람에도 그네를 타던
자귀나무 꽃불길이 눈앞에 어른거린다

생명의 맥

바람은 당신이 걸어온 길을
따라 불어온다
뼈마디 굵은 손등 위
터져 나온 붉은 상처의 기억

고향은 간 곳 없고,
낯선 거리 헤매던 나날
나는 차갑고 낯선 땅에 뿌리 내린
고독한 나무 같다

살아온 날들이 죄다 아픔이라
쓰러지고 또 쓰러졌건만
내 안에 흐르는
당신 닮은 뜨거운 피는 식지 않는다

겨울 강처럼 깊고 차갑지만
그 안에 흐르는 생명의 맥
멈추지 않은 물줄기
얼어붙은 강물 위에서
나는 아배를 본다
〈

이제 당신은 먼 길 떠났고
바람 소리만 나를 흔든다
내 안에 피어난 그 이름은
시리고도 뜨거운 꽃이 된다

콩 타작

바람 부는 저녁녘
마당가 검불 돋은 토밭 옆
어매는 장독대 곁에서
종일 콩가리를 쌓는다
콩대를 털면 우수수 떨어지는 콩알
먼지 자욱한 마당에 흩어진다

싸륵싸륵 콩대 치는 소리
나와 동생은 그 옆에 앉아 콩알을 줍는다
자갈 섞인 흙먼지 손톱 밑에 박히고
입술도 바싹 마른다
시간은 더디게 흘러가고
어매 등 너머 지는 해 붉게 물든다

조막만 한 손바닥에 가득 쥔 콩알들
손가락 사이로 자꾸만 빠져나간다
이 콩알들이 모여 한 되, 한 섬 되면
어매 입가에 엷은 미소 어릴까
알 수 없어 그저 줍고 또 줍는다

지금은 고향 떠나 낯선 거리

등 뒤 어딘가에서 자꾸만 싸륵싸륵, 그 소리
유년의 기억 속 콩알들을 잡으려 해도
먼지처럼, 아득히 흩어질 뿐
마른 입술로
주문처럼 어매를 불러본다

시골 밤

눈이 밟히는 시골길을 걷는다
마을 불빛 죄다 꺼진 깊은 밤
하늘엔 별들이 빼곡히 박혀
돌아가신 할매 무덤처럼 서늘하다

논두렁 옆 좁은 오솔길
내 발자국 소리만 크게 울리고
어둠 속 숨죽인 마른 갈대 사이로
누군가 나를 지켜보는 듯하다

외양간 소 울음소리 처량하게 퍼지고
고향 잃은 바람만 감나무 가지를 흔든다
부끄러운 내 모습 들킬까 봐
별빛 아래 고개 숙여 발밑만 본다

아무도 없는 이 밤길에 서서
내 안의 어두운 그림자를 본다
도시의 소음 속에 잊었던
어리석은 시절, 내 부끄러운 얼굴

별똥별 하나 휙, 소리 없이 지나고

시골 밤은 깊어 적막만 흐르는데
나는 이 밤 여기에 서서
별빛 아래 추억을 보듬는다

밍 2

그 하얀 속살
보면 볼수록
볼에라도 대고 싶다

포근한 꽃술
사연 가득 싣고
하늘로 향한 꽃
한 생을 지나
우리의 귀한 옷으로
환생하는 꽃

어린 시절
학교에서 돌아오는 밭길
바람 자락으로 손 흔들며
먼저 다가오던 꽃

떠난 사람 그리워
길을 걸을 때도
희디흰 그 자태로
달 아래
은빛 세상을 만들어

나를 위로하는 꽃

철 지난 오늘
잃어버린 시간을 찾아
바람을 맞고 서 있는
너를 다시 본다

우망

잊고 기도하기 좋은 날
어제 종일 쌓인 근심과
신새벽부터 스며든 사념들을
세수하듯 씻어낸다

색 고운 보랏빛 도라지꽃
가려진 그리움의 색으로 다가오고
기찻길이 생각나고
그러다 문득
친구가 떠오른다

고향 초가집, 장식 없던 부엌
풍로로 검게 그을린 벽
상방 아궁이엔
소죽 끓이던 연기가 피어오르고
양철 지붕 끝자락 장대비가 튀어 오르던 소리
그 시간들이 불현듯
쏟아지듯 밀려온다

내 기억을 덮고
온 세상마저
한색으로 칠해 줄
눈이라도 내렸으면 좋겠다

나비

길을 잃고
소나무 가지에 앉는다

짧고 화려하게 날았던 기억들아
함께 지나온 사계절의 숨결들아
내가 미처 몰랐던 마음들아
가슴 깊이 새겨두고 온 눈빛들아
더 이상 닿을 수 없는 나의 어제들아

들려오는 모든 소리를 묻고
아직도 날지 못한
그 숱한 사연을
마음에 가둔 채
나래를 접는다

달밤

멀리 기차 소리 스쳐 가고
원두막 아래 개 한 마리, 달 보며 짖는다
청청한 달빛은 원두막 지붕 위로 쏟아지고
나는 아무 생각 없이 밤기운에 졸고 있다

세상 모든 것이 잠긴 듯 고요한 밤
등에 짊어진 긴 그림자,
페달 밟는 발이 유난히 힘겨워 보이던 그 밤
철길 지나 논길 따라
달빛 헤치며 아배가 달려오신다

호롱불 켜니 땀방울 맺힌 아배 얼굴
따 오신 수박 하나, 달빛보다 차갑고 달다
머리 위에 얹히는 투박한 손길
밤의 정적 속에 별들만 말없이 반짝였다

이제 그 원두막도 사라지고
기차 소리도 멀리 떠났지만
청청한 달빛 아래
자전거 그림자 어른거리면
나는 그를 부르며

돌아오지 않는
그 길을 밤새워 바라본다

바람이 머무는 곳

꿈속 기억을 찾아
떠난 곳은
구름 내린 바위에
꽃 피우는 마을
양촌리

세월의 기억이 살아 숨 쉬는
바람결 일렁이는 곳
새싹이 나고
낙엽이 떨어지고
눈 속에 잠을 자는
향수바위

꽃바람 불어와
눈을 넘실거리는
추억 속의 기차가 지나가고
작은 굴 두 개 너머
내 고향 상동집

아배의 기억과
어매의 추억이

공존하며 교차하는 곳
헤매는 삶 속에
바람처럼 머물다가 가는
내 고향 양촌리

한 마디 한 생

한 생을 살아내기 위해선
대나무의 무수히 많은 마디처럼
간간이 숨 고를 수 있는
공간이 필요하다

마디에서 마디로
바람은 부드럽게 지나가고
비는 고요히 흘러내린다
쌓이는 그리움마저 녹이고
달빛 긴 그림자
길게 드리울 수 있는
정거장 같은 자리

그 많던 시간을 지나며
내게 스며든 바람 같은 허기,
떠나보내기 싫었던
어느 한순간의 기억조차
마디의 어느 텅 빈 공간에
담아두고 싶었다

아직 미완의 내 삶 위에

평온한 휴식 같은,
그래서 잠시 쉼표 하나 찍고
쉬어갈 수 있는
꼿꼿한 마디 하나 남기고 싶다

상처가 새긴 무늬

산길 어귀에 서면 바람이 불고
내 몸에 새겨진 오래된 상처들이
꽃잎처럼 떨리며
나를 아프게 불러 세운다

돌멩이 하나에도 눈물이 있고
거친 나무껍질에도 사연이 있듯
세상의 모든 살아있는 것은
찢긴 아픔 하나씩 품고 있다

강물처럼 시간은 흐르고
떠나간 것은 돌아오지 않지만
상처에 새겨진 이 무늬야말로
내 삶의 가장 빛나는 기록

괜찮다 말하며
별 하나 가슴에 묻고 다시 걷는다
아무도 닿지 못하는 내 안에서
상처는 고요히
꽃이 되어 피어나고 있다

목구랑 추억

시간이 되면 어김없이 기차는 지나간다

감자를 캐다
허리 펴고 본 차창 안 사람들
나도 저녁 기차를 타고
겨울 바다에 가고 싶었다

노을을 가르고 달리던 기차가
나를 두고 지나간다
마음으론 늘 떠나고 싶었지만
한 번도 떠나지 못한 채
지금도 목구랑에서 바다를 그린다

어둑하게 내려앉는 노을 가장자리
바람이 불 때마다 멀리 기적소리 울리며
달리던 기차

밀짚모자 눌러쓰고
밭고랑 만들며 흐르는 땀을 닦으시던
아배가 그립다

바람에 젖다

바람이 지나고 난 뒤에
잔잔한 평지에 그대를 위하여
작은 그림을 그리겠습니다

마당이 알맞게 넓은 집에
구석구석 눈길이 갈 수 있는 나무를 심고
세월을 담아 바래지 않는 추억의 탑을
세워 놓겠습니다

그대의 그림 위에
지나간 흔적마다 미소가 스며들게
세월의 색을 칠하겠습니다
담 낮은 벽돌을 세우고
벽돌 사이에 아름다운 과거를 메우겠습니다

담 위로 들어오는 바람을 통해
그대를 향한 그리움을 터놓아
바람벽에 아쉬움이 걸리지 않게
벽난로를 지어 마음의 불을 붙여 놓겠습니다

따뜻한 마음으로 찬바람이 들지 못하게

아름답고 아담한 그림 가장자리에 선 굵은
길을 만들고 그대만을 위한 문을 세우고
그대가 바람 되어 오는 날 활짝 열어 놓겠습니다

3부

바람의 언어

긴 마루에 그리움을 내려놓고

돌기단 위, 청마루 끝자락
바람이 지나는 자리에 앉아
그리움을 내려놓고 앉는다

나비가 팔랑이며 와 앉는 가장자리
투명한 날개 사이로
햇살이 가벼이 내려앉는다

나는 그리움을
나비는 삶의 버거움을
아주 잠시 벗는다

회룡포, 밤의 정적 위에 새겨진 서사

어둠이 천천히 발목을 감아올 때
회룡포는 비로소
제 깊은 숨결을 드러낸다

내성천의 물줄기가 길을 잃고
스스로를 휘감아 도는 이 세상의 끝,
칼날 같던 달빛이 부드러운 은가루 되어
강물 위에 부서진다

시간의 표면에 닿지 못한 그림자들이
물 밑 심연을 떠돌고
바람은 멈춘 듯
고요만이 오래된 서사처럼
밤을 채운다

강변의 늙은 버드나무는
수천 개의 귀를 달고
잊힌 목소리들의 속삭임을 듣는다

이 곡선의 포옹 뒤편에 도사린 고독
수면 위로 떠오른 달빛의 지문이

읽히지 않는 고전의 한 페이지를 넘기고
백로의 흰 날개가 펼쳐지는 순간
밤과 새벽 사이
아득한 영혼의 이동이 시작된다

물안개는 몽상처럼 피어오르고,
강물 냄새는 기억의 비늘처럼 흩어진다
이곳, 회룡포의 밤은 한 생生의 굽이진 궤적,
그 고요의 끝에서 잊혀진 기억들이
다시 흐르기 시작한다

강물 따라 흘러간 젊음이 있고
많은 것들이 물결처럼 흘러가다
다시 돌아와 가슴에 고이는 밤
모든 경계가 허물어지고
나는 다시
나를 발견한다

속절없이 떠나간다

바람이 그리움을 끌어 올리듯
쏟아지는 폭포처럼
저녁노을 내게 내려앉듯

빛처럼 스며든 사랑
우물가 감나무 아래
내 늙은 고향

홍싸리 활짝 핀 고향 산천
물 맑은 소리를 헤치고
나는 간다

가는 길
다시는 돌아올 수 없는
그 길을 간다

토밭

바람이 마른다
상동산 모서리에서
골바람이 낮게 깔리며
미루나무 사이를 스쳐 내린다

바람 머문 흔적만
빛바랜 흔적으로 남고
소를 매어 두던 자리엔
듬성듬성 산바람이 새어 나온다

하늘을 보니
구름은 말없이 지나가고
굴곡진 기억의 조각들이
나뭇잎에 내려앉는다

수취인 불명

십 리 길 다니다가
이제 돌아앉아
긴 걸음의 아련함에
고개 들어 올려다본
까치밥 감나무

가을 달빛 아래
그네처럼 일렁이며
갈대를 스치는 바람에
내내 무심하다
문득 떠난 친구가 그리워진다

잡히지 않는 사연은
골 깊은 메아리로 남아
세월에 녹슨 자전거 위로
조용히 내린다

마디 굵은 수숫대
무게를 이기지 못하고 고개 숙이고
반도로 퍼 올리기엔
그물 사이로 자꾸만 빠져나가는

빗방울 같은 오늘

수취인 불명의 친구에게
띄우는 한 통의 마음 편지

바람비

바람이 비를 그리면
나는 바람을 위해
나무 위에 둥지를 만든다

비는 둥지 위로
파장을 일으키며
잘게 흩뿌려진다

세월이 지나도
빛바래지 않는 둥지는
비와 바람의 추억을 만들고
비처럼 떨어지는 그리움을
제 어깨에 걸친다

그리움은
아무리 높은 벽을 세워도
그 틈을 비집고 들어와
못내 아픈 마음에 불을 지핀다

불어오는 바람 사이
추억마저 따뜻해지면

둥지에도 온기가 스며들고
세상에서 가장 아름다운 사랑이 자란다

비가 내리는 날
오랜 기다림으로
둥지는 세상을 향해
팔을 벌린다

그 밤, 그 따뜻한

눈이 내리던 겨울밤
양촌리 307번지 아랫목은 뜨끈했고
기름등잔 불빛 아래
아롱거리는 어린 나의 그림자를 보았다

창밖엔 바람만 쌩쌩 불고
문풍지마저 처량하게 울던 밤
어매는 정한수 한 그릇 놓고
먼 산 바라보며 가족의 안녕을 빌고 또 빌었다

나는 아궁이 옆, 어매 곁에 쪼그려 앉아
타닥이는 불꽃을 들여다보았다
세상 가장 따뜻한 것이
바로 그곳에 있었다

흰 눈처럼 쌓이는 그리움 위로
내 그림자 길게 드리우고
동굴이 두 개나 있는 텃밭에 앉아
눈 오는 밤
그때 그 따뜻함을 그리워한다

겨울 숲은 말없이 서서

나뭇가지마다 눈꽃이 피고
세상은 온통 하얀 침묵에 잠긴다
낮은 곳에 엎드린 풀꽃 하나
그래도 봄을 놓지 않고 있다

가지 끝에 매달린 지난 계절의 슬픔은
찬 바람에 흔들리다 뚝, 떨어지고
이제 나는 아무것도 욕심내지 않고
빈 마음으로 겨울을 맞는다

걸어온 길마다 상처였고
때로는 주저앉아 울고 싶었지만
숲은 말이 없이 제자리를 지키고
나는 그 앞에서 조용히 숨을 고른다

눈 녹은 자리마다 새순 돋아나듯
슬픔 지나간 자리에 희망이 자라나리니
나는 겨울 숲처럼 말없이 서서
다가올 봄을 기다리고 있다

늙은 어부

나는
늙은 어부가 되어
바다를 바라본다
깊은 밤바다 위로
느린 물결을 따라 항해한다

그 물결은
그대를 향해 흐르고
나는 마른침을 삼키며
저 너머
새벽 바다를 응시한다

바다에도 꽃이 핀다
바람과 함께
바다는 거친 숨결로 꽃을 피운다
들꽃은 풀벌레 울음으로 청초하지만
바다꽃은 바람을 품은
짠 소금 내가 난다

나는 늙은 어부가 되어
바람이 만든 꽃을 안고

마침내,
바다가 되어 그대에게 간다

간격

우리에게는 적당한 거리가 필요했다
큰 나무들은 양팔을 한껏 벌려봐도
서로 닿을 듯 닿지 않은 거리가 필요하다

그 사이로 바다가 흐르고
그 사이로 파도가 치고
그 사이로 바람길이 열리고
그 사이로 인연이 닿을 수 있게
그래서 산문 일주문도
두 개의 기둥으로 서 있나 보다

그 간격을 유지하기 위해
바다가 흐르고 나면 한색으로 가라앉고
파도가 치고 나면 다시 잔잔하게
바람이 지나가면 메우고
인연이 닿으면 또 새로운 길이 열린다

그리움이란 놈은
그 간격 사이 무시로 드나들던
내 마음의 간격이었다는 것을
이제야 알게 되었다

그대의 바다

바다가 잔바람에 흔들리지 않듯이
그대 향한 그리움에는
파도가 없다

멀리 나는 갈매기
날개에 미련이 없듯
그대에게 돌아가는 발길은
가볍고도 정겹다

파도의 상처로 포말이 부서지고
돛단배 하나 긴 여정 재촉해도
그대 향한 그리움으로
변함없이 길이 열려
하늘을 이고 바다가 된다

출가의 꿈

나의 생각은
그 무게 탓에
늘 중심을 잃고
각도도 잡지 못한 채
자꾸만 갓길로 미끄러진다

향수바위에 부는 바람을
이불 삼아
한 손이
다른 한 손을 잡고 있는
옛날의 나를 기억한다

샛바람 맞으며 골 따라 오르다
눈 내려 움푹 들어간
동굴 앞마당에 이르면
바위 아래 초 하나 밝히고,

누군가의 생을 위해
이 깊은 골까지 들어와
나와 그의 경계를 가늠하고
무심한 향수바위에

정한수 한 그릇 올린다

오늘도
작은 걸음으로 산에 오르고
출가의 꿈을 꾼다

석송령

마을 어귀, 굽어진 길 끝
석송령 할배가 서 계신다
육백 년 세월을 가지에 얹고도
여전히 푸른 숨을 쉰다

땅 한 평 귀하던 그 시절
할배는 당신 몸값을 내어
마을 사람들 논밭을 나누어 주셨고
그때부터 할배는 더 이상 나무가 아니라
이 마을의 진짜 어른이 되셨다

해마다 정월 대보름이면
마을 사람들은 할배 앞에 모여
따뜻한 밥상을 차려 드린다
허리 낮춰 절을 올리면
투박한 할배의 손길 같은
시원한 바람이 등을 쓸어준다

아이들은 넓은 품 아래서
숨바꼭질을 하고
젊은이들은 거대한 몸통에 기대어

세상살이 시름을 털어놓는다
늙은이들은 당신 아래 평상에 앉아
지나간 날들을 이야기하며
저녁 햇살을 함께 쬔다

할배의 발아래 네모반듯한 비석 하나
이름은 석송령, 직업은 마을 지키기
월급은 따뜻한 마음 몇 줌과
정월 대보름의 밥상 한 채

석송령 할배,
오늘 밤도 달이 뜨면
당신의 어깨 위에 걸린
수많은 별들 아래
조용히 이 마을을 굽어보시겠지

그대 이름, 노을에 걸다

그대는 내게 이름 하나로 왔다

불러보는 것만으로
가슴 설레는 흔들림
그대 이름은
깊은 밤
더한 떨림으로 다가온다

새싹보다도 더 촉촉한 이름
여름의 강렬한 태양보다
더 열정적인 이름
그대 이름이
내 가슴으로 들어온다

천장을 보고 누워도
바닥을 보고 누워도
옆으로 누워도

눈을 감아도
시를 읽어도
음악을 들어도

심지어 어려운 그림을 보아도
그대의 이름은 사랑

나의 한 생 가득
그대의 이름을 불러본다

그대는 내게
이름 하나로 와서
하늘의 별보다 달보다
더 오래 빛난다

자화상

지나온 내 삶
한 폭의 수묵화처럼
떨리는 검지로
먹빛 위에 그려진 나이테를 만져본다

선은 틈을 만들고
그 사이 구름도 흐르고
잊어야 할 것도
잊지 못하는 눈이
나를 마주 본다

이마에 새겨진 빗금들은
지나온 흔적을
파도처럼 지우고
바람에 흔들리는
기억들은 길로 이어져
고집스레 입가를 맴돈다

손을 뻗어도 잡힐 듯 잡히지 않는
그리움 하나
그을린 얼굴이
부챗살처럼 활짝 펴진다

욕망

상동집 뒤안 감나무엔
붉은 감이 주렁주렁 달렸다
자꾸만 손이 갔지만
어매는 익을 때까지 기다리라고 하셨다

달콤한 열매일수록
뜨거운 기다림이 필요하듯
내 어린 욕망도
그렇게 붉게 타올라 익어갔다

따내지 못한 감처럼
아슬하게 매달린 나의 마음
높은 곳에 있는 것일수록
더 간절해졌다

진열대 속 놓인 과일들
쉽게 손이 닿지만
내 안의 붉은 감은
여전히 시들지 않고 매달려
어린 날의 따내지 못한 욕망처럼
아린 맛으로 내 안에 남아 있다

노을이 빛날 무렵

그해 여름 강가를 거닐다
이야기 몇 조각을 사진에 담았다
물속에 비친 나무는
바람에 일렁이며 흔들리고
말소리는 연어 되어
내게로 헤엄쳐 돌아왔다

아픔이 지나간 뒤엔
함께 나눌 추억조차 없어
여름 내내
새로운 기억들을
강 위에 흘려보냈다

노을이 가장 빛날 무렵
사람들은 스쳐 지나가고
강은 늘 그 자리에 남아 있었다
빈자리에 앉아 발을 담그니
잊고 지내던 약속들이
추억처럼 발등을 간지럽힌다

시간이 흐른 뒤에야 알게 되겠지

어떤 기억은 잊고 싶어도
버려지지 않고
한때 우리가 있던 그 자리는
강이 되고, 흔적이 되어
사랑으로 머물러 있다는 것을

체양의 하루

체양*에서 끌어 올린 생수 같은 날
기억 속에 가둔 물고기처럼
멈추지 않은 시간을
잡고 싶은 날이다

어매의 정한수 한 사발
매운바람 물가를 돌아
등불 되어 내게 오고

길목으로 어둠이 내리면
한 생애의 많은 이야기를
빈 잔에 채우고 입술에 대어본다

삶의 멋이
물결처럼
조용히 풀려나온다

* 경상북도 예천군 상동리에 흐르는 내 이름.

패철을 놓고

나를 어디로 데리고 가야 할지 모른다

사람들은 노래를 끌고 가거나
혹은 그림을 끌고 가거나
하다못해 정치를, 사람을, 사랑이라도
끌고 가는데 나는 빈손이다

간혹, 절망을 끌고 가는 이도 있다
시를 끌고 가는 이도 있다

나는 나를 어디로 끌고 가는지 몰라
오늘도 패철을 놓고 방향을 잡아
돌다리를 두드리듯
한 발자국씩 흔적을 남기고 있다

봄 햇살

길을 걸을 때 먼저 저만치 앞서가도
이해해 주는 사람

욱하고 급한 내 성격을
다 받아 주는 사람

밴댕이 속처럼 좁은 마음과
서투른 아이처럼
쉽게 마음을 닫아 버리는
내 옹졸한 자존심마저
다 쓰다듬어 주는 사람

종일 일하고도 나를 걱정해 주며
하얀 미소로 편하게 해 주는 사람

기억하는 그 모든 것을
긍정적으로 바꾸고
다치고 아픈 나를
따사로운 봄 햇살로 비추고
지나온 시간마저 어루만져 주는 사람
〈

넌 그런 사람
그런 네가 곁에 있어서 좋다

4부

다시 걷는 길

꿈연

일곱 살
아이의 치아
쌀알 같은 하얀 이가
곱다

배꼽은
아직
수박 배꼽

세상에는
부족함이 많은
나이

때 이른
아이의
너털웃음에
마음이
몽글해진다

기다림이 쌓이는 자리

찬 바람 부는 터미널 의자에 앉아
묵은 옷깃 여미며 눈을 감는다
북적이는 사람들 틈새로 비집고 온
어디선가 맡아본 듯한 낯선 비누 향기

손등엔 세월의 지문 선명하게 박히고
시계 초침 소리만 아득하게 들린다
떠나간 이름들이 창밖을 스치고
오늘도 오지 않는 얼굴 하나를 그린다

모퉁이 국밥집 뽀얀 김 서린 창에
희미하게 비친 내 모습이 낯설다
누군가 옆자리에 앉아
등을 토닥여줄 것만 같은
기시감에 마음이 뭉근해진다

어둠 속에서 별 하나 뜨듯
이 긴 기다림 끝에 무엇이 있을까
낡은 가방 속에서 귤 한 알 꺼내어
입안 가득 채워 본다
〈

기어이 시간은 흘러 새벽이 오고
차가운 의자 자국 허리에 남았어도
어딘가 나를 기다리는 불빛 있을까 하여
다시 천천히 발걸음을 옮긴다

요선암 연대기

두 물이 부딪치는 지점
바위들이 웅크리고 있다 이름? 요선암, 신선이 내려온다 하여 붙였단다
하긴, 아무나 오는 곳은 아니었겠지

바위 몸에 박힌 구멍들, 포트홀 지리학 용어로는 그렇다 1단계, 자갈이 긁어낸 상처 2단계, 회전하며 깊어진 원통 3단계, 벽이 허물어지는 쇠퇴기 4단계, 흔적만 남은 평면 성장보다 쇠퇴에 가깝다니, 이 바위들, 곧 사라질 예정인가

그 곁 마을 사람들, 삼백 년을 이어온 계契, '요선계' 불에 탄 문서를 다시 쓰고, 오륜을 지키고, 상과 벌을 나눴다 임금의 어필을 빼앗길 위기에 처하자 정자를 짓고 되찾아왔다 소송도 불사한 그 집념. 벽지에서 지켜낸 이름 없는 품격, 스스로의 존엄

포트홀의 시간과
요선계의 시간
하나는 침식되고
하나는 층층이 쌓인다

〈
강물은 그저 흐르며
바위 옆을 지나고
포트홀의 구멍을 메우고
마을의 역사를 적신다

신선은 오지 않았다
기다린 것은 바위였을까
사람이었을까

포트홀은 속삭인다
사라지는 것이
끝을 의미하는 것이 아니라고
다른 이름, 다른 결로
세상의 깊은 틈 어딘가로
조용히 스며들 뿐이라고

무릉도원이라 불리는 이 땅 아래
오래된 바위와 오래된 약속
그리고 강물의 오랜 흐름이
나란히 기록되고 있다

〈
그리고 지금,
누가 이 연대기의
마지막 장을 써내려갈 것인가

손톱자국

돌아온 마당가
국화는 피었는데
어매 손톱자국
어디에도 없다

흙냄새 스미는데
등 뒤에서 이는 바람
어매 부르는 소리인가
아니, 그냥 바람이네

기억은 자꾸 흩어지는데
어매의 빈자리만 선명하다
가슴 밑바닥에 남은
희미한 통증 하나

낡은 대문 앞에
밤이 내려앉는다
빗장 소리 멎은 지 오래
오늘도
돌아갈 곳 없다

강물 위의 잎새 하나

늦가을 다 가도록 바람에 흔들리던
굴참나무 잎새 하나
오늘 내성천 물 위로 사뿐히 내려앉았습니다
작고 붉게 물든 몸
제 무게조차 잊은 듯
넘실거리는 물결 위를 말없이 흘러갑니다

정해진 길도, 기다림도 없이
흐름에 몸을 실은 채
때로는 앙칼진 물살에 휘청이고
때로는 고요한 소용돌이에 갇히다
이내 다시 제 길을 찾아갑니다

모든 눈물 다 삼킨 듯 강물은 깊게 흐르지만
작은 잎 하나, 그 위에 홀로 떠서
쓸쓸히, 그러나 힘겹게 무형의 무늬를 그리며
가고 또 갑니다

어쩌면 당신의 삶도 저 잎새와 같아
세상이라는 강물 위를 홀로 떠가는 듯 보여도
고요한 힘으로 자신만의 길을

걷고 있는 것이겠지요

나는 압니다
그 쓸쓸하고도 찬연한 여정이
얼마나 눈부실지
그러니 부디 오늘도
강물 위의 잎새처럼
당신만의 무늬를 그리며
조용히 빛나기를

반

나는 너의 반이고
너는 나의 반이다

나는 너의 시작이고
너는 나의 마침표다

비가 오는 날에
너는 내 한쪽 어깨를 받치는 우산이 되고
눈 오는 날엔
소복이 쌓이는 눈발의 향연이 된다

나는 오늘도 너에게로 가고
너는 한 발짝 또 내게로 온다

내 반인 너는 나에게 오고
그 반만큼 나는 너에게 가고 있다

참 아름다운 나날들
그중 또 하루가 저물고
나는 창문 너머 울어대는 한겨울 매서운 바람 속
혹 올지 모를 겨울 안부를 기다리고
내 마음은 온통 너에게로 기울고
아름다운 한 시절이 이렇게 속절없이 가고 온다

한여름

뜨거운 햇살이 아스팔트를 달구고
도시의 공기는 숨 막히게 무겁다
어디선가 부패하는 냄새처럼
불안한 예감이 자꾸만 스며든다

그늘 없는 거리를 걷는 사람들
얼굴마다 지친 그림자 드리우고
뜨거운 계절에 드러나는
삶의 처절한 민낯을 마주한다

숲은 말없이 푸른데
나는 왜 이리 불안한가
강물은 유유히 흐르는데
내 안에서 자꾸만 강물이 넘쳐흐른다

아물지 않는 상처는
진득한 땀처럼 자꾸만 배어 나오고
여름은 깊어가고 밤은 짧아지지만
나의 밤은 여전히 끝나지 않았다

뜨거운 숨결 사이
나는 조용히
내일을 견딘다

가을

고갯길 오르면
좁은 오솔길이 열린다
봄날, 송홧가루
안개처럼 흩날리던 그곳

여름의 잎 넓은 그늘을 지나
가을 끝자락
붉은 감 하나 가지 끝에
덩그러니 남아 있다

시골의 인심은
마디 굵은 손에서 시작하여
땅콩 한 줌, 대추 몇 알
보는 이의 마음까지 훈훈해진다

그 손길로 아버지는
조각조각 기운 자루에 참깨를 털고
그 한켠에서는
어머니가 나락씨를 줍는다

갈대 위를 스치는 새들이

향수바위에서 불어오는 바람을 타고 날아오른다
겨울 길목,
바람의 길을 따라 떠날 채비를 한다

빈들에 서서

바람은 북쪽에서 불어오고
마른 풀잎들만 바스락거린다
떠나온 강은 눈물처럼 얼어붙고
빈들에 선 나는 그림자처럼 희미하다

소식 한 장 없이
세월은 무심히 흘러가고
애타게 불러도
메아리조차 닿지 않는 적막만 감돈다

주머니 속
손때 묻은 돌멩이 하나
잊지 않겠다던 맹세 같아
차마 버리지 못하고 매만지며
긴 기다림의 끝을 두려워한다

이미 가버린 친구는
내 가슴 속엔 환히 불을 밝히고
끝없는 그리움으로
나는 오늘을 살았다
〈

차가운 들판 위
듬성듬성 별이 뜨고
나는 또 밤을 세워 서성인다
오지 않는 친구를 기다리는 동안
내 영혼은
서서히 사그라져 간다

길의 끝에서

길은 자꾸 끊기고
발자국만 아득히 이어진다
나는 홀로, 걷는다

나뭇가지 끝에 걸린 해는
더 이상 나를 기다리지 않고
어디로 향할지도 모르는데
바람이 자꾸 나의 등을 미네

골짜기마다 짙은 어둠
발밑의 돌부리조차 길을 잃은 듯
나는 정적 위를 걷는다

어둠이 깊어
걸음은 자꾸 더뎌지고
넘어지지 않으려 안간힘 쓸수록
발밑의 돌이 서걱이며
울음을 뱉는다

소의 눈물

상동집 외양간에
늙은 소 한 마리
찬 바람 부는 겨울밤
눈물 글썽이며 울어댔다

어린 나는 외양간에 앉아
세상 가장 크고 슬픈 눈망울에
고인 그 눈물을 털어내 주었다

아배는 한 사발 막걸리로
시름을 달래고,
어매는 아궁이에 불 지피며
깊은 한숨을 토해냈던 밤

이제는 빈 외양간만 남아
쓸쓸히 겨울을 건디고,
그때 그 늙은 소의 눈물 같던
나의 슬픔만 고여 있다

당신의 서사

 높이 솟은 산 같던 등, 그 위로 칼날 같은 세월이 흘러 감내한 무게만큼 깊어진 주름이 서사가 되었다 밤하늘 별조차 삼키려 들던 날들, 어린 눈엔 검푸른 바다였지만 당신은 홀로 거친 파도를 견디던 거대한 섬이었다 새벽마다 등을 밀고 나가던 뒷모습은 즐거운 싸움이 아니었음을 이제 안다 모진 바람에도 한 치 흔들림 없이 뿌리 내린 소리 없는 비명 고개 숙인 체념에도 자식들의 웃음을 꽃처럼 지키기 위해, 바위가 박힌 당신의 심장에선 핏빛 울음이 침묵처럼 맺히곤 했다 "괜찮다, 다 괜찮다…" 마른기침과 함께 던져진 짧은 위로 속에 켜켜이 쌓인 고뇌의 그림자, 어른거리는 불빛처럼 꺼질 듯 아련하기만 했다 이제야 겨우 한숨 돌릴 만한 나이, 굽은 허리엔 세월의 이끼가 끼고 투박한 손엔 파도 맞은 상처가 가득하다 울 장소조차 없었던 그 삶 속, 뼈에 사무치도록 깊이 새겨진 애틋함이 나를 만들고, 내가 되어 이 세월을 딛고 선다 다시는 돌아오지 않을 그 뒷모습, 여전히 내 앞을 밝히는 쉼 없는 등불, 반딧불이 한 마리 눈앞에 잠시 머물다, 이내 흩어진다

 그 모든 흔적이 내게 말한다 아버지, 세상 어디에도 없을 당신의 서사가 오늘도 빛처럼 흐른다

가랑비

그대를
멀리 보내고
한켠에 선 채
아련함만 주머니에 넣는다

그림자 뒤로
하늘하늘 흩날리는
그대의 머리카락만
가슴에 닿을 듯 멀어진다

한쪽 발 들고
소년처럼 설레며 뛰던 길
이제 다시 홀로 걷는다

가랑비 내리는 날
그대를 보내고
긴 철로 위에
그리움을 내린다

항수바위와 오리나무

양촌리 뒷산
항수바위는 묵묵히 서 있고
그 곁 오리나무는
늘 바람에 흔들렸다
어린 나는 그 아래 앉아
철길 너머 먼 산만
하염없이 바라보았다

무엇을 기다렸을까
아무것도 오지 않았는데
나는 어느새 항수바위처럼
묵묵한 기다림에 익숙해졌다

그 고요한 기다림 한켠,
오리나무 가지 위
바람에 흔들리며 울던 새처럼
나의 마음은
그 어디에도 닿지 못한 채
자꾸만 날아오르려 했다

묵묵한 기다림과

끊임없는 흔들림 사이
나의 세상은
안과 밖의 충돌로 늘 부대꼈다

향수바위는 여전히 그 자리에 있고
오리나무 가지 위의 새는
어느새 흔적 없이 날아가 버렸는데
나는 이렇게 너무 멀리 와
바람 소리만 쓸쓸히 들려온다

오래된 숲

억새풀 우거진 산비탈처럼
세월은 아배 어깨를 짓눌렀다
묵묵히 걸어온 그 길 위엔
붉은 상처들만 꽃으로 피었다

돌멩이 하나 함부로 차지 않던
당신의 고요한 눈빛 속에
세상 모든 슬픔 다 담겨 있어
나는 차마 고개 들 수 없었다

말없이 등 돌린 뒷모습은
태풍에도 꺾이지 않을 나무 같았지만
그 굳건한 껍질 속
무너지는 소리는 홀로 삼켰으리라

산비탈은 노을에 젖고
바람 소리만 쓸쓸히 들려온다
내 안의 아배는
쉽사리 가늠할 수 없는 깊이와
짙푸른 숲 되어 무성해져 간다

흐르는 강물처럼 시간은 흐르고
당신 닮은 뒷모습의 나는
메아리 없는 허공을 향해
어디서든, 부디 아프지 않길
나직이 빌어본다

그대, 그리움의 소리

하루의 시작을
그대의 이름으로 연다
손을 뻗어
그 떨림을 느낀다

어둠에서 새벽으로 이어지는
고요한 틈새
그 깊이를 느낄 수 있도록
그대 이름을
조용히 불러본다

빗방울이 눈물 되어
내 가슴으로 떨어지는 소리
가을바람 타고
혼자 그네 되어 흔들리는
마음으로 그대를 불러본다

이미 길옆으로 비켜선 나의 시간
어머니 콩 심고 고추 심던
그 정겨운 날들
이제는 다시 돌아갈 수 없는 날들

〈
전할 수 없는 내 마음을
잠시 그대 이름에 담아
저녁노을 끝에 걸어둔다

돌아갈 수 없는 마음의 짐을 지고
밤 깊어, 서러운 눈빛으로
그대, 그리움의 소리를 들어 본다

떠나는 것은 기차만이 아니다

철길 건너 논바닥 길은 멀었다
꼬부랑 논두렁 따라
학교 가는 길은 늘 외로웠고
나는 자꾸만 뒤돌아보곤 했다

평구 마당에서 뛰어놀던 아이들 소리
아직도 귓가에 아른거리지만
나는 이미 너무 멀리 와버려
돌아갈 수 없는 길이 되었다

논바닥에 비친 하늘은 푸르렀고
구름은 유유히 흘러갔다
변함없이 제자리를 지키는 것들 앞에서
나의 허기짐은 더 깊어져갔다

철길 건널목에 서서
지나가는 기차를 본다
떠나가는 것은 기차만이 아니라
나의 시간도 그렇게 흘러가고 있다

꽃잎처럼 붉게 진

비가 내리는 저녁 골목길
갓난아기 울음소리
저 멀리 희미하게 들린다
붉은 진달래 꽃잎 흩날리듯
어린 날의 기억이
불현듯 찾아든다

살아온 날들에 슬픔이 없었던 것은 아니었지만
아름답지 않은 날 또한 없었다
쓰라린 상처 위에 피어난 꽃처럼
내 삶은 언제나 붉고도 붉게 물들어갔다

지금, 아무도 없는 빈 마당에 서서
하늘을 본다
별 몇 개 차갑게 빛나고
꽃잎처럼 붉게 진 어린 날의 꿈들이
바람 되어 내 뺨을 스치고 간다

숨

텅 빈 내 속
바람이 불면 낙엽은 흩날리고
밤이면 길 위에 누워
희뿌연 한숨을 쏟아낸다

비는 늘 외로움으로 젖어
가슴은 종일 비어 있다
짧은 시간 품었던 그 사연들이
바람 타고 목젖으로 넘어간다

시간을 지워본다
그믐날 산바람이
달 닮은 안개를 뿌리면
내 속은 조용히
새싹을 준비하는
깊은숨을 삼킨다

겨울 국수

마루 끝 겨울바람은 유난히 매서웠다
홍두깨 나무로 국수 밀던
어매의 손등
붉은 살점 일어나고도
어매는 마냥 웃기만 했다

주린 배 움켜쥐고 뒤척이던 밤
양촌리 아랫목 훈기 그리워
이불 속에서 몰래 눈물 삼키며
작은 몸 웅크려 새우잠을 잤다

어매의 손은 마르고 투박했지만
세상 가장 따뜻한 온기를 품었고
그 손으로 빚어낸 따뜻한 국수 한 그릇
더없는 행복이 거기 있었다

지금 이 깊어가는 겨울밤
온기 한 점 없이 바람만 스미고
양촌리 어매의 겨울, 홀로 앉아
그때 그 맛과 온기를 그리워한다

❀해 설

기억과 회귀, 상실과 존재를 건너는 시적 자아

김영철(건국대학교 명예교수, 문학평론가)

들어가며

권오휘 시인의 시는 언뜻 평범해 보이는 일상의 풍경과 개인적인 경험을 토대로 하지만, 그 이면에는 인간 실존의 근원적인 문제를 향한 깊이 있는 철학적 성찰이 담겨 있다. 고향에 대한 그리움과 상실, 부모님과의 관계와 그 부재가 남긴 흔적, 시간의 비가역성과 기억의 유동성, 상처와 고독이 자아에 미치는 영향, 그리고 삶의 의미를 탐색하는 지난한 여정이 시인의 섬세한 언어 감각과 유려한 시적 이미지 속에 정제되어 형상화된다.

그의 시들은 특정 장소를 개인의 기억을 담는 공간으로, 자연 사물로 내면을 비추는 매개로 삼아 사유의 깊이를 더한다. 장소에 각인된 기억과 자연물상에 투영된 인간의 감정과 삶이 씨줄과 날줄처럼 교차하며, 시인만의 고유한 소우주를 형성하고 존재와 삶에 의미를 부여하는 것이다. 그의 시에 등장하는 상동, 평구 마당, 항수바위, 새뜨미, 양구 등의 물리적 공간은 단순한 배경에 머물지 않고, 화자의 심리적 상태를 투영하고 과거의 시간을 소환하며, 존재의 의미를 성찰하게 하는 철학적 사유의 장場이 된다. 마찬가지로 나이테, 바람, 강물, 바위, 숲, 나무, 별 등 자연의 요소들은 인간의 삶과 감정, 그리고 우주의 섭리와 질서를 은유하는 강력한 상징으로 작용하며 시적 울림을 확장시킨다.

이러한 시인의 시적 태도는 시집 『가장 멀리 간 것들』에서도 유감없이 발휘된다. 제1부 「기억의 강가」, 제2부 「그리움의 무늬」, 제3부 「바람의 언어」, 제4부 「다시 걷는 길」로 구성된 이 시집은 각 부가 독립적인 주제를 담고 있으면서도 전체적으로 하나의 유기적인 구조를 이룬다. 느슨한 것 같으면서도 정교하게 짜인 구성은 마치 낡은 책장의 책들처럼 편안함을 주는 동시에, 세상의 지혜와 다채로운 감성을 품은 정제된 건축물처럼 치밀하게 배열되어, 시인의 내면세계와 시적 사유의 흐름을 따라가기에 충분한 구조를 제공한다.

권 시인이 활용한 다양한 시적 장치들을 통해 지극히 개인적인 경험이 어떻게 보편적인 철학적 사유로 확장되는지 조명하고자 한다. 특히 시간과 기억, 상실과 그리움, 장소와 자아의 관계를 매개로 하여 인간 존재의 본질을 어떻게 탐색하고 있는지 분석함으로써, 그의 시 세계가 지닌 미학적 성취와 철학적 깊이를 논증하고자 한다. 이어지는 본론에서는 주요 시편들을 중심으로 각 시에 담긴 핵심적인 사유들을 구체적으로 살펴보고, 이를 바탕으로 작품 전반을 관통하는 철학적 주제들을 심층적으로 해석해보고자 한다.

1부 '기억의 강가'

시집 한 권이 손안에 놓이는 순간, 우리는 활자에 새겨진 언어의 그림자를 따라 삶의 깊이를 건너는 조용한 조각배에 오르게 된다. 페이지를 넘길 때마다 낯익으면서도 낯선 바람이 기억의 억새밭을 흔들고, 오래전 마음속 깊이 묻어두었던 그리움의 조약돌을 살짝 건드린다. 이 시편들은 단지 한 개인의 회고가 아니라, 우리 모두가 지나온 생의 결로서 읽힌다. 특정한 사건이나 기억을 넘어, 삶이라는 거대한 강물 위를 흘러가며 마주한 무수한 시간의 파편들이 새겨 놓은 상처이자 무늬이기 때문이다. 사랑의 온기가 사라진 자리, 이름조차 잊힌 존재들의 빈터, 다시는 돌아갈 수 없는 시공간에 대한 그리움, 그리고 그것을 감싸는 쓸쓸하면서도 찬연한 감정의 진폭이, 이 '기억의 강가'에서 은은한 메아리로 되살아난다.

이 시에서는 기억의 터진이자 감각의 원천인 '목구랑'이라는 공간을 통해, 시인의 자아가 어떻게 형성되어 왔는지를 섬세하게 그려낸다. 시인에게 이 특정 공간은 단순한 유년의 시간을 넘어, 한 인간의 정체성을 상징하는 장소가 된다.

> 들녘에 서니
> 흙냄새 구수하고
> 볏잎 스치는 소리
> 바람결에 살갑다
>
> 어매는 마른 콩대
> 하염없이 만지시고
> 나는 괜히 둑길 돌부리만
> 소리 없이 툭툭 찬다
>
> 해는 아직 중천인데
> 그림자는 길어지고
> 낮과 밤의 들판이
> 서로 다른 세상처럼
> 저물어가는 들판에
> 그렇게 둘이 서 있다
>
>   -「목구랑」 부분

도랑물 옆 들판, 어머니와 나란히 걷는 장면은 특별할 것 없어 보이지만, 그 안에는 말 없는 교감과 상실의 전조가 가득하다. 시인은 흙냄새, 볏잎 스치는 소리, 밤벌레 소리, 도랑물 소리 등 오감에 호소하는 감각적 이미지를 통해 고향의 풍경을 생생하게 재현하고, "마른 콩대/하염없이 만지시"는 어머니와, "괜히 둑길 돌부리만/소리 없이 툭툭 찬다"는 화자의 행위를 나란히 배치하여, 언어로는 다 담기지 않는 교감과 내면의 울림을 드러낸다. 특히 "낮과 밤의 들판이/서로 다른 세상처럼/저물어가는 들판에/그렇게 둘이 서 있다"는 구절은, 시간의 흐름 속에서 공간과 존재의 의미마저 달라지는 순간을 깊이 성찰하게 한다. 이렇듯 「목구랑」은 일상의 풍경 속에 깃든 감각과 기억을 매개로, 붙잡고 싶은 삶의 온기와 피할 수 없는 이별의 그림자를 마주하게 하는 시이다.

> 세월의 그림자 길게 드리우고
> 땀과 눈물 섞인 흙냄새 속에서
> 나는 커갔다
>
> …중략…
>
> 아배의 길고 긴 밭고랑에서

나의 그림자를 바라보니

　　아배 삶의 무게가

　　내 안에 깊이 배어들었다

　　　　　　　　　　-「아배의 밭고랑」 부분

　어머니의 부재가 「목구랑」에서 상징되었다면, 이 시는 아버지라는 존재를 통해 삶의 본질과 존엄을 배운 시인의 깨달음을 담아낸다. 밭고랑은 노동의 현장이자 세대 간으로 전해지는 삶의 유산이다. "땀과 눈물 섞인 흙냄새 속에서/나는 커갔다"는 구절은, 아버지의 고된 삶의 흔적이 고스란히 시인의 성장 배경이 되었음을 보여준다. 밭고랑에 켜켜이 쌓인 세월과 노동의 흔적은 단순한 기억을 넘어, 한 인간의 정체성을 규정하는 근원적 자취로 자리한다. 특히 마지막 연 "아배의 길고 긴 밭고랑에서/나의 그림자를 바라보니/아배 삶의 무게가/내 안에 깊이 배어들었다"는, 아버지의 삶이 단지 과거의 추억으로 머무르지 않고 현재의 자아 속에 내면화되었음을 일깨운다. 밭고랑이라는 물리적 공간은 결국 시인의 삶의 태도를 규정하는 정신적 유산으로 전환된다. 다음 시를 보자.

　　바람이 지나간 손등

　　손을 펴보면

물고기를 따라

금이 그어져 있다

…중략…

철없던 시절

파편 같은 첫 금

흔들어 보니 뚝뚝

오래된 아픔이 떨어진다

손끝에 닿은 마지막 금

붉게 꽃길처럼 번져

비탈진 삶의 경계 너머로

길게 선을 건넨다

-「손금」부분

    시「손금」은 손바닥에 새겨진 '금'을 삶의 궤적과 내면의 변화를 상징하는 매개로 제시한다. "소리 없는 물길 따라/영혼이 지나간 자리"에 새겨진 손금은 단순한 선이 아니라, 시간이 흐르면 남겨진 삶의 흔적이자 존재의 기록이다. "철없던 시절/파편 같은 첫 금"에서는 어린 시절의 미숙함과 상처를 드러내는 대목이며, "비탈진 삶의 경계 너머로/

길게 선을 건"네는 "마지막 금"은 삶의 궤적 속에서 겪은 고통과 희망의 양가적 감정을 세밀하게 표현한다. 이렇듯 「손금」은 손바닥의 선을 따라 인간의 성장과 내면의 흔들림을 담아내며, 동시에 희망으로 이어지는 길을 보여준다. 이제 시선은 시간의 흐름과 더불어 짙어지는 그리움의 정조를 다룬 작품으로 옮겨간다.

    그림자가
    사람이 그리워
    마을에 왔다 갔다는
    정호승 시인을 만났다

    나도, 흐린 날이면 사람이 그립다
    불빛을 향해 날아드는 나방처럼
    목숨을 걸고 누군가에게
    닿고 싶어질 때가 있다

    그러다 문득
    부산한 현실 속에서
    친구가 나를 잊기 전에
    내가 먼저 나를 잊고
    그림자 속 어딘가에서

끝없이 길을 헤매고 있는

나를 발견한다

그 길 끝에서

밤마다 나를 찾기 위해

그림자를 앞세운다

전생의 나

현세의 나

그리고 내세의 나와

서로 손 내밀어 악수하며

그림자 위에서

서로의 생을 읽고 있다

- 「그림자 위에서」 전문

「그림자 위에서」는 정호승 시인을 언급하며, 그리움의 정서를 한층 더 심화시킨다. "흐린 날이면 사람이 그립다"는 구절은 정호승 시인의 대표적인 서정성과 맞닿아 있으며, 이는 인간 존재의 본질적 외로움과 타자에 대한 갈망을 정직하게 마주하는 태도로 읽힌다. 정호승 시가 자주 보여주는, 외롭고 힘든 삶에서도 누군가를 기다리는 희망의 정서는 "불빛을 향해 날아드는 나방처럼/목숨을 걸고 누군가에게/닿고 싶어질 때"라는 보다 격정적이고 내면화된 고백으로 변주된다.

또한 이 시는 감정의 공명을 넘어서, 고독 속에서 자아가 분열되고 상실되는 보다 실존적인 문제로 나아간다. 친구에게 잊히기 전 "내가 먼저 나를 잊고/그림자 속 어딘가에서/끝없이 길을 헤매고" 있다는 표현은 자기 자신조차 상실한 채 부유하는 존재의 비극성과 깊은 외로움을 보여준다. 마지막 구절 "그림자 위에서/서로의 생을 읽고 있다"는, 시간의 층위 속에서 분열된 자아들이 "그림자"라는 상징적 공간에서 마주하며, 그 속에서 삶의 의미를 되새기고 자아를 회복하고자 하는 시인의 내면적 성찰과 시적 철학을 보여준다.

2부 '그리움의 무늬'

그것은 마치 오래 묵은 자수천을 어루만지는 일과도 같다. 시인의 손끝에서 풀려나온 감정의 실타래는 삶의 다양한 결을 따라 천천히 번져 나가며, 마침내 하나의 무늬를 완성해 간다. 그 무늬는 화려하지 않지만, 오직 삶의 깊은 골짜기를 지나온 이들만이 알아볼 수 있는 내밀한 그리움이다. 시인은 고독 속에서 자신과 세계의 경계를 가늠하고, 자연의 숨결 속에서 위안과 깨달음을 길어 올린다. 작은 풀꽃의 떨림이나 자귀나무 그림자의 흔들림조차 삶의 강인함과 고통을 동시에 품은 표정으로 읽어낸다. 이렇듯 감각과 사유의 조각들이 시편마다 정성스레 스며 있어, 독자는 그 결을 손끝으로 더듬으며 자기 안의 기억과 감정을 조용히 불러올리게 된다.

> 바람벽에 목이 메인다는 것을
> 그리워하는 사람을 불러보니
> 알게 되었다
>
> 손짓과 소리가 물결 되어 쌓이면
> 보고픔이 되고
> 메아리 되어
> 생 안에서 돌고 돈다는 것
>
> …중략…
>
> 등에 진 짐
> 하나씩 내려놓으며
> 내가 받은 선물 같은
> 그 멋진 한 생으로
> 다리 한 번 펴 본다
>
>   -「한 생을 받았다」부분

이 시에서 드러나 "바람벽에 목이 메인다는" 그리움의 감각은 존재의 고립성과 타인에 대한 갈망을 동시에 드러내며, 인간이 관계 속에서 얼마나 깊이 흔들릴 수 있는지를 보여준다. "손짓과 소리가 물결 되어 쌓이면/보고픔이 되고/메아리 되어/생 안에서 돌고 돈다는 것"은, 그리움이 일회적이고 순간적인 감정이 아니라 삶 전체를 관통하며 되풀이되는 순환적이고 본질적인 정서임을 강하게 암시한다. 이러한 깨달음은 결국 시인이 자신의 삶을 "선물 같은/그 멋진 한 생"으로 긍정하고 받아들이는 태도로 귀결된다. 고단하고 상처 많은 인생을 있는 그대로 긍정하고 껴안는 이 자세는 깊은 성숙과 자기 수용의 경지를 보여준다.

어매는 머리에 참을 이고
난 울퉁불퉁 낡은 막걸리 주전자를 들고
여름으로 접어드는 길
모심는 벌판으로
평온한 농노길을 걸어간다

옆으로 넓게 펼쳐진 잎들과
하늘 향해 길게 뽑은 목
하늘거리는 붉은 꽃

그 길은 온통 꽃 천지가 된다

  　　　　　　　　　　　　-「자귀나무」부분

　이 시는 유년 시절, 어머니와 함께 모심는 벌판으로 가던 길에서 마주했던 "자귀나무"를 매개로, 어머니의 고단한 삶과 그 시절의 정서를 따뜻하게 되살려낸다. 머리에 "참을 이고" 걷는 어머니와 "낡은 막걸리 주전자를 들고" 뒤따르는 화자의 모습은 울퉁불퉁한 농로 위에서도 평온하게 이어지는 농촌의 일상과 모자 간의 다정한 교감을 담아낸다. 풍경 속에서 특히 두드러지는 것은 "옆으로 넓게 펼쳐진 잎들과/하늘 향해 길게 뻗은 목", "하늘거리는 붉은 꽃"을 피운 자귀나무다. 자귀나무는 단순히 길가에 서 있는 나무가 아니라, 화자의 기억 깊숙이 각인된 찬란한 존재로서, 그 길 전체를 꽃의 세상으로 물들이며 유년의 기억을 한층 빛나게 한다. 그리고 어머니에 대한 그리움의 기억은 노동의 현장과 어머니의 숨결이 살아 있는 콩 타작의 저녁으로 이어진다.

  바람 부는 저녁녘
  마당가 검불 돋은 토밭 옆
  어매는 장독대 곁에서
  종일 콩가리를 쌓는다

콩대를 털면 우수수 떨어지는 콩알

먼지 자욱한 마당에 흩어진다

싸륵싸륵 콩대 치는 소리

나와 동생은 그 옆에 앉아 콩알을 줍는다

자갈 섞인 흙먼지 손톱 밑에 박히고

입술도 바싹 마른다

시간은 더디게 흘러가고

어매 등 너머 지는 해 붉게 물든다

- 「콩 타작」 부분

 이 시는 '콩 타작'이라는 구체적인 농촌의 풍경과 육체 노동을 중심으로, 유년 시절의 기억과 어머니의 헌신, 그리고 현재의 그리움이 서로 교차하며 하나의 정서적 흐름을 형성한다. 바람 부는 저녁, 마당가에 콩가리를 쌓고 장독대 곁을 지키는 어머니의 모습은 농촌의 일상적 삶과 더불어, 자식을 위한 어머니의 묵묵한 노동을 절제된 언어로 드러낸다.

 콩대를 털어 먼지 속에 흩어지는 콩알들은 단순한 수확물이 아니라, 땀과 고생 끝에 맺은 결실이자 쉽게 얻을 수 없는 삶의 가치들을 은유한다. 이어지는 "싸륵싸륵 콩대 치는 소리" 속에서, 화자와 동생이 나란히 앉아 콩알을 줍는 장면은 "자갈 섞인 흙먼지 손톱 밑에 박히고/입술도 바싹 마른다"는 구체적 묘사와 함께 어린 시절의 체험을 생생하게 불러낸다. 이 순간은 단순한 노동의 힘겨움만이 아니라, 그 속에 배어 있던 정겨움과 따뜻한 일상의 감각까지 사실적으로 전해준다. 그리고 그 시절 유년의 밤을 아버지의 사랑이 비추던 "달밤"이 잇는다.

> 세상 모든 것이 잠긴 듯 고요한 밤
> 등에 짊어진 긴 그림자,
> 페달 밟는 발이 유난히 힘겨워 보이던 그 밤
> 철길 지나 논길 따라
> 달빛 헤치며 아배가 달려오신다
>
> 호롱불 켜니 땀방울 맺힌 아배 얼굴
> 따 오신 수박 하나, 달빛보다 차갑고 달다
> 머리 위에 얹히는 투박한 손길
> 밤의 정적 속에 별들만 말없이 반짝였다
>
> -「달밤」부분

'달밤'이라는 서정적이고 고즈넉한 시간을 배경으로, 아버지("아배")에 대한 애틋한 기억과 그리움을 소환한다. "기차 소리", "개 짖는 소리", "달빛"으로 구성된 고요한 시골 밤 풍경 속에서, 화자의 의식은 "페달 밟는 소리"에 의해 깨어난다. 그 소리는 하루 노동을 마치고 돌아오는 아버지의 귀가를 알리는 신호이자, 잊을 수 없는 추억의 문을 여는 열쇠다.

"등에 짊어진 긴 그림자"와 "페달 밟는 발이 유난히 힘겨워 보이던 그 밤" 자전거를 타고 귀가하는 아버지의 육체적 고단함과 삶의 무게를 시각적으로 선명하게 그려낸다. 이어 "호롱불 켜니 땀방울 맺힌 아배 얼굴", "달빛보다 차갑고 달다"는 수박의 맛, "머리 위에 얹히는 투박한 손길"은 어린 화자가 오감으로 받아들였던 아버지의 사랑을 감각적으로 환기한다. "밤의 정적" 속 "투박한 손길"로 전해지는 아버지의 사랑은 말보다 깊은 정을 담고 있으며, 그 밤의 고요함 속 반짝이는 별빛은 부자간의 교감을 더욱 부각시킨다.

3부 '바람의 언어'

시인은 내면의 파문, 시간의 층위, 감정의 굴곡을 따라가며 인간 존재에 깃든 빛과 그림자를 섬세하게 탐색한다. 시는 상처와 그리움, 상실의 결을 조용히 어루만지면서, 그 흐름 속에서 자아를 발견하고 삶의 의미를 끊임없이 되묻는다. 이러한 여정은 마치 바람의 속삭임처럼 가볍고 미세하지만, 그 울림은 오래도록 깊게 남는다. 바람은 때로 부드럽게, 때로 날카롭게 스쳐 지나가며 풍경을 바꾸고 마음의 지형을 새긴다. 시인은 그러한 바람의 언어를 빌려, 한 인간이 지나온 시간 속에서 마주한 흔적과 감정, 그리고 사유를 전한다. 그것은 단순한 회한이나 체념이 아니라, 바람처럼 유연하고 투명한 시선으로 삶을 응시하며 써 내려간 내면의 기록이다. 동시에 그것은 침묵 속에 머무는 고백이자, 멈추지 않고 흘러가는 존재에 대한 예의로 남는다.

    체양에서 끌어 올린 생수 같은 날
    기억 속에 가둔 물고기처럼
    멈추지 않은 시간을
    잡고 싶은 날이다

    어매의 정한수 한 사발
    매운바람 물가를 돌아
    등불 되어 내게 오고

    길목으로 어둠이 내리면
    한 생애의 많은 이야기를
    빈 잔에 채우고 입술에 대어본다

    삶의 멋이

물결처럼

조용히 풀려나온다

-「체양의 하루」부분

　이제 시인은 좀 더 내면화된 장소로 시선을 돌린다. 체양은 그의 유년이 스며든 기억의 중심이자, 내면적 회귀의 공간이다. 이 시는 '체양'이라는 구체적 공간을 중심으로, 과거의 기억과 현재의 성찰, 그리고 삶의 내밀한 아름다움을 조용히 되짚는 서정적 작품이다.

　"기억 속에 가둔 물고기처럼/멈추지 않은 시간을/잡고 싶은 날"이라는 구절은 시인이 흐르는 시간을 붙잡고 싶어 하는 존재론적 욕망을 표현한 대목이다. 물고기가 어항 속에서 분리된 시간처럼 존재하는 이미지는, 과거와 현재가 동시에 머무는 심리적 풍경을 함축한다. 이는 곧 인간이 기억을 통해 과거에 닿으려는 근본적인 내적 충동을 은유하고 있다. 이어지는 "어매의 정한수"가 "매운바람 물가를 돌아/등불 되어 내게" 오는 장면은, 어머니라는 존재가 시간과 고난을 넘어 여전히 화자의 삶에 위안과 방향성을 제공하는 존재임을 드러낸다. 과거의 정성과 사랑이 현재에까지 지속적으로 영향을 미치고 있음을 상징적으로 보여준다. 다음 시를 보자.

바람이 비를 그리면

나는 바람을 위해

나무 위에 둥지를 만든다

…중략…

그리움은

아무리 높은 벽을 세워도

그 틈을 비집고 들어와

못내 아픈 마음에 불을 지핀다

불어오는 바람 사이

추억마저 따뜻해지면

둥지에도 온기가 스며들고

세상에서 가장 아름다운 사랑이 자란다

비가 내리는 날

오랜 기다림으로

둥지는 세상을 향해

팔을 벌린다

-「바람비」 부분

「바람비」는 바람과 비가 어우러진 자연의 파동 속에서 자아가 어떻게 둥지를 틀고, 삶을 품어내는지를 보여준다. 시인은 '바람'과 '비'를 인간 내면의 감정과 교차시키며, 특히 사랑과 그리움을 치유와 회복의 과정으로 형상화한다. 이때 '둥지'는 고립된 은신처가 아니라, 상처를 품고 세계와 다시 관계 맺기로 나아가는 상징적 공간으로 기능한다.

"그리움은/아무리 높은 벽을 세워도/그 틈을 비집고 들어와/못내 아픈 마음에 불을 지핀다"는 구절은 그리움이라는 감정이 의지로는 막을 수 없는 내면의 불길임을 시사한다. 그러나 이 불길은 단순한 소모나 파괴가 아니라, 자아를 다듬고 변화시키며 성숙으로 이끄는 힘으로 작동한다. 「바람비」가 그려내는 사랑은 단지 특정한 존재를 향한 감정에 머물지 않는다. 그것은 연민과 자기 수용, 더 나아가 삶 전체를 향한 근원적 이해로 확장된다. 결국 고통을 견디며 세워진 둥지는 "세상을 향해/팔을 벌"리는 존재로 거듭나며, 고립된 자아가 타자와 소통하고 세계와 이어지려는 존재론적 개방성을 드러낸다. 다음 작품을 보자.

    바다에도 꽃이 핀다

    바람과 함께

    바다는 거친 숨결로 꽃을 피운다

> 들꽃은 풀벌레 울음으로 청초하지만
>
> 바다꽃은 바람을 품은
>
> 짠 소금 내가 난다
>
> 나는 늙은 어부가 되어
>
> 바람이 만든 꽃을 안고
>
> 마침내,
>
> 바다가 되어 그대에게 간다
>
> －「늙은 어부」부분

 겨울의 침묵을 지나 삶의 끝자락에 선 화자는 이제 바다를 향해 마지막 항해를 시작한다. 시인은 '늙은 어부'라는 페르소나를 통해 삶의 여정과 그리움, 그리고 존재의 본질적 합일을 탐색한다. 바다는 어부의 삶의 터전이자, '그대'를 향한 여정의 공간, 궁극적으로 도달하고자 하는 대상 그 자체로 상징되고 있다. "바다에도 꽃이 핀다"는 표현은 익숙한 들꽃의 '청초함'과 대비되며, 파도를 "바다꽃"으로 비유함으로써 거친 숨결과 소금 냄새 속에서도 드러나는 삶의 본질적 아름다움을 드러낸다. 이는 꾸밈없고 일상적인 풍경 속에서 발견되는, 고단하지만 진실한 아름다움이다.

 마지막 연 "바람이 만든 꽃을 안고/마침내,/바다가 되어 그대에게 간다"는 이 시의 철학적 정점을 보여준다. 평생 바다와 함께 살아온 어부가 결국 바다와 하나 되어 파도가 되고, 그리운 '그대'에게 향하는 모습은 존재의 근원으로 귀환하는 여정을 상징한다.

> 지나온 내 삶
> 한 폭의 수묵화처럼
> 떨리는 검지로
> 먹빛 위에 그려진 나이테를 만져본다
>
> 선은 틈을 만들고
> 그 사이 구름도 흐르고
> 잊어야 할 것도
> 잊지 못하는 눈이
> 나를 마주 본다

- 「자화상」 부분

이 시는 자아를 '큰 나이테'에 비유하며, 한 개인의 삶과 내면을 시간의 축적과 감각적 이미지로 형상화하고 있다. 시인은 나이테라는 자연의 생장 흔적을 통해, 자신의 삶을 시각적으로 그리고 촉각적으로 되짚으며, 살아온 시간의 무게와 그 안에 깃든 기억의 결들을 섬세하게 풀어내고 있다. "한 폭의 수묵화"로 비유된 나이테는 단순한 세월의 지표를 넘어, 생의 여백과 농담濃淡이 어우러진 내면의 풍경으로 그려진다. 특히 "떨리는 검지로/먹빛 위에 그려진"이라는 표현은 삶을 단순히 흘러온 것이 아니라, 조심스럽고 예민한 감각으로 살아낸 시간임을 시사한다.

또한 "선은 틈을 만들고/그사이 구름도 흐르고"라는 구절은, 삶의 균열과 상실, 공허 같은 감정이 단절이 아니라, 구름이 흐르는 풍경처럼 자아를 다시 재구성하는 연속적 흐름임을 보여준다. 이 시는 상처와 틈조차 존재의 일부로 받아들이며, 그것을 내면의 풍경으로 승화시키는 역설적 아름다움을 보여준다.

    그해 여름 강가를 거닐다

    이야기 몇 조각을 사진에 담았다

    물속에 비친 나무는

    바람에 일렁이며 흔들리고

    말소리는 연어 되어

    내게로 헤엄쳐 돌아왔다

    아픔이 지나간 뒤엔

    함께 나눌 추억조차 없어

    여름 내내

새로운 기억들을
강 위에 흘려보냈다

노을이 가장 빛날 무렵
사람들은 스쳐 지나가고
강은 늘 그 자리에 남아 있었다
빈자리에 앉아 발을 담그니
잊고 지내던 약속들이
추억처럼 발등을 간지럽힌다

-「노을이 빛날 무렵」 부분

  이 시는 강가라는 구체적인 공간과 노을이라는 시간적 배경을 통해, 기억의 유동성과 상실의 정서를 섬세하게 형상화하고 있다. 강가에 앉아 "이야기 몇 조각을 사진에 담"는 행위는, 지나간 시간을 붙잡으려는 인간의 본능적 욕망이자, 기억이 파편적으로 남는 방식을 보여준다. 특히 "말소리는 연어 되어/내게로 헤엄쳐 돌아왔다"는 구절은, 기억이 단순히 떠나는 것이 아니라, 연어처럼 원천을 찾아 되돌아오는 힘을 지닌다는 것을 시적으로 보여준다. 이는 과거의 감정과 목소리가 사라지지 않고, 시간의 흐름 속에서 반복적으로 재현되며 현재를 흔들고 있다는 암시이기도 하다.

그러나 "아픔이 지나간 뒤엔/함께 나눌 추억조차 없어"라는 대목은 기억들이 공유되지 못한 채 사라진 관계의 공허함이 절실히 드러낸다. 상실은 단순한 부재가 아니라, 그와 함께한 시간과 기억마저도 사라지게 하는 경험임을 여실히 보여주는 것이다. "잊고 지내던 약속들이/추억처럼 발등을 간지럽힌다"는 감각적 이미지는, 잠재된 기억이 문득 되살아나 현재를 흔드는 순간을 포착한다. 이는 상실 속에서도 사랑의 흔적과 인간적 교감은 여전히 감각 속에 살아 있으며, 그런 기억이야말로 인간을 인간답게 만든다는 정서를 전달한다.

4부 '다시 걷는 길'

시인은 한 생의 궤적을 되짚으며, 지나온 기억과 풍경을 다시 걸어간다. 그러나 그것은 단순한 회귀가 아니라, 상실과 그리움, 기다림과 용서, 그리고 고요한 수긍을 지나 삶의 본질에 더 가까이 다가서는 여정이다. 이 시편들 속에는 더 이상 무엇을 증명하거나 분투하려는 흔적이 없다. 대신 담담한 체념과 따뜻한 이해, 시간의 무게에 길들여진 눈빛이 조용히 스며 있다. 시인은 다시 길을 걷는다. 그러나 그 길은 물리적 이동이 아니라 내면의 순례이며, 존재를 수용하고 관계를 회복하는 서사다. 시는 생의 작고 소박한 장면들을 통해 가장 진실한 감정을 건네며, 마침내 독자에게 조용한 깨달음을 안긴다. '다시 걷는 길'은 그래서 끝에 머무르지 않는다. 오히려 그것은 사라짐과 남겨짐, 기억과 망각, 상실과 재회의 경계 어딘가에서 다시 피어나는 생의 감각이, 끝내 이어지는 삶의 숨결이다.

> 찬 바람 부는 터미널 의자에 앉아
> 묵은 옷깃 여미며 눈을 감는다
> 북적이는 사람들 틈새로 비집고 온
> 어디선가 맡아본 듯한 낯선 비누 향기
>
> 손등엔 세월의 지문 선명하게 박히고
> 시계 초침 소리만 아득하게 들린다
> 떠나간 이름들이 창밖을 스치고
> 오늘도 오지 않는 얼굴 하나를 그린다
>
> …중략…
>
> 기어이 시간은 흘러 새벽이 오고
> 차가운 의자 자국 허리에 남았어도
> 어딘가 나를 기다리는 불빛 있을까 하여
> 다시 천천히 발걸음을 옮긴다
> 　　　　　　　-「기다림이 쌓이는 자리」부분

고향을 떠나 도시의 터미널로 옮겨지는 공간적 전환은 단순한 외적 배경의 변화가 아니라, 시인의 내면에 겹겹이 쌓인 시간적 시차와 정서를 고조시킨다. 터미널은 시적 화자에게 만남과 이별, 출발과 도착, 기대와 상실이 교차하는 인생의 경유지이자, 기다림이 깊은 사유로 침잠하는 공간으로 제시된다.

"묵은 옷깃 여미며/눈을 감는" 장면은 찬바람과 외부의 소음 속에서 자신을 지키려는 동시에 내면으로 스며드는 행위로 읽힌다. 또한 "낯선 비누 향기"는 타자의 존재를 일깨우는 감각적 자극인 동시에, 익숙함과 낯섦이 교차하는 관계의 혼란을 드러낸다. 이는 곧 과거와 현재, 나와 타자 사이의 단절을 상징한다. 마지막 연은 "어딘가/나를 기다리는 불빛 있을까 하여", 깊은 고독과 피로 속에서도 여전히 무언가를 향해 나아가고자 하는 희망과 의지를 보여준다. 결국 시인은 터미널이라는 의자 위에서, 상실과 정적을 지나 다시 희망이라는 이름의 불빛을 찾아 나서는 인간 존재의 여정을 그려낸다.

    나는 너의 반이고
    너는 나의 반이다

    나는 너의 시작이고

너는 나의 마침표다

비가 오는 날에
너는 내 한쪽 어깨를 받치는 우산이 되고
눈 오는 날엔
소복이 쌓이는 눈발의 향연이 된다

나는 오늘도 너에게로 가고
너는 한 발짝 또 내게로 온다

내 반인 너는 나에게 오고
그 반만큼 나는 너에게 가고 있다

-「반」 부분

  이 시는 '반半'이라는 간결하면서도 상징적인 개념을 중심으로, 두 존재 사이의 상호의존성과 동행을 섬세하게 그려낸 작품이다. '너'와 '나'는 각각 독립된 개체이지만, 동시에 서로의 '반'이 되어 존재의 의미를 완성한다는 구조는 단순한 관계를 넘어선 존재론적 연결을 제시한다. "나는 너의 시작이고/너는 나의 마침표다"라는 구절은 관계가 시간적·존재적 경계를 규정한다는 점을 드러내며, 한 존재의 여정이 다른 존재를 통해 시작되고 마무리된다는 깊은 사유를 담고 있다. 사랑, 우정, 가족과 같은 인간관계 속에서 시인은 타인을 통해 정체성과 삶의 궤도가 형성된다고 인식한다.

비 오는 날의 "우산", 눈 오는 날의 "향연" 같은 이미지는 서로가 삶의 환희와 고통을 함께 감싸며 살아가는 동반자적 관계의 이상을 보여준다. 이는 단순한 의존이 아니라, 함께 있을 때에만 완성되는 존재의 구현으로 읽힌다. 특히 "나는 오늘도 너에게로 가고/너는 한 발짝 또 내게로 온다"는 구절은 관계의 본질이 끊임없는 다가섬과 상호 노력 속에 있음을 강조한다.

결국 "반"은 미완을 뜻하는 동시에, 서로를 향한 끊임없는 움직임 속에서 완성을 향한 가능성을 품은 개념이다. 그 불완전함이야말로 사랑의 동력이 되며, 시인은 이 절묘한 시어를 통해 서로를 채워가는 존재의 아름다움을 따뜻하고 정제된 언어로 형상화한다.

    철길 건너 논바닥 길은 멀었다
    꼬부랑 논두렁 따라
    학교 가는 길은 늘 외로웠고
    나는 자꾸만 뒤돌아보곤 했다

    평구 마당에서 뛰어놀던 아이들 소리

아직도 귓가에 아른거리지만

나는 이미 너무 멀리 와버려

돌아갈 수 없는 길이 되었다

논바닥에 비친 하늘은 푸르렀고

구름은 유유히 흘러갔다

변함없이 제자리를 지키는 것들 앞에서

나의 허기짐은 더 깊어져갔다

철길 건널목에 서서

지나가는 기차를 본다

떠나가는 것은 기차만이 아니라

나의 시간도 그렇게 흘러가고 있다

- 「떠나는 것은 기차만이 아니다」 전문

 이 시는 "철길", "논바닥 길", 그리고 "기차"라는 상징적 소재를 통해 유년 시절의 외로움, 시간의 흐름, 그리고 되돌아갈 수 없는 과거에 대한 상실감을 섬세하게 형상화한다. "철길 건너 논바닥 길은 멀었다/꼬부랑 논두렁 따라/학교 가는 길은 늘 외로웠고"라는 구절은 단순한 거리의 묘사를 넘어, 어린 화자가 겪었던 정서적 고립과 삶의 고단함을 생생하게 전한다. 특히 "나는 자꾸만 뒤돌아보곤 했다"는 행위는 낯선 미래로 향하는 불안한 발걸음 속에서 익숙한 과거와의 연결을 갈망하는 내면의 심리를 드러낸다.

"논바닥에 비친 하늘은 푸르렀고/구름은 유유히 흘러갔다"는 장면은 화자의 불안과 고독과 달리 한결같이 이어지는 자연의 시간을 부각시킨다. 자연은 그대로 남아 있으나, 화자는 이미 돌아갈 수 없는 길 위에 있음을 자각한다. 마지막 연 "떠나가는 것은 기차만이 아니라/나의 시간도 그렇게 흘러가고 있다"는 깨달음은, 기차가 이동의 상징을 넘어 시간과 삶의 유한성을 직시하게 만드는 철학적 성찰로 확장된다. 이때 "철길"은 단순한 이동의 경로가 아니라, 과거와 현재를 가르는 경계이자, 시간의 흐름 속에서 경험하는 소외와 상실, 그리고 붙잡을 수 없는 존재의 근원적 외로움을 나타내는 상징으로 자리한다.

마치며

이 시집은 총 81편의 시를 통해 시인의 미학적 성취와 철학적 깊이를 집약적으로 드러낸다. 시인은 개인적 경험과 고향이라는 구체적인 공간에 뿌리를 두면서도, 시간, 기억, 상실, 관계, 자아 등 인간 실존의 근원적 질문들을 보편적 차원으로 확장해 내는 시적 상상력을 보여준다.

그의 시는 과거의 상처와 고통을 회피하지 않고 정면으

로 응시하며, 그 고통의 결을 따라 삶의 깊이와 깨달음에 도달하려는 내면의 움직임을 솔직하게 그려낸다. 특히 사라진 존재에 대한 절절한 그리움은 단순한 감정을 넘어, 현재의 자아를 형성하고 삶의 방향을 결정짓는 핵심 정서로 작용한다. 시인에게 부모의 존재는 단순한 회상의 대상이 아니라, 삶의 지혜와 강인한 생명력을 전승하는 원형적 유산이며, 자아를 이해하고 완성해 나가는 여정 속에서 끊임없이 소환된다.

장소의 구체성과 상징성을 탁월하게 활용하는 점도 이 시집의 중요한 미학적 특성이다. 고향, 강가, 산, 주막 등은 단지 지리적 공간이 아니라, 기억과 감정이 응집된 내면의 장소로, 자아 성찰과 치유, 존재의 회복이 이루어지는 정신적 공간으로 확장된다. 자연 역시 외부의 배경에 머물지 않고, 인간 삶과 병치되거나 대조되며 덧없음과 영원성, 고독과 위안, 고통 속 인내와 같은 다층적 의미를 드러낸다.

권오휘 시인의 시는 상실과 고독, 불안과 불확실성 속에서도 무너지지 않고, 묵묵히 자신의 길을 걸어가려는 인간의 끈질긴 의지를 시적으로 형상화한다. 그의 시적 여정은 과거의 흔적을 품은 채 현재를 살아가며, 불완전한 자아를 수용하고 내면의 심연을 들여다봄으로써 자아의 본질에 도달하려는 실존적 탐구로 읽힌다.

결론적으로, 권오휘 시인의 시집은 개인의 서사를 통해

보편적 인간 조건을 통찰하며, 지역적 특수성을 바탕으로 존재의 근원을 사유한다. 감각적 언어와 깊이 있는 성찰이 조화를 이루는 시편들은, 독자에게 진한 공감과 사유의 울림을 전하며, 높은 문학적 완성도를 보여주는 성취로 평가될 수 있다.

상상인 시인선 092

가장 멀리 간 것들

지은이 권오휘
초판인쇄 2025년 10월 25일 **초판발행** 2025년 10월 28일
펴낸곳 도서출판 상상인 **편집주간** 황정산 **펴낸이** 진혜진
표지디자인 최혜원 **기획·마케팅** 전은빈 최유림 노혜림 정현수
책임교정 오 늘 **편집** 세종PNP
등록번호 제572-96-00959호 **등록일자** 2019년 6월 25일
주소 06621 서울시 서초구 서초대로74길 29, 904호
전화번호 02-747-1367, 010-7371-1871
팩스 02-747-1877 **전자우편** ssaangin@hanmail.net

ISBN 979-11-7490-021-0 (03810)

값 12,000원

경상북도   경북문화재단

* 이 책은 경상북도와 경북문화재단의 '2025년 예술작품지원사업'으로 제작되었습니다.
* 이 책은 전부 또는 일부 내용을 재사용하려면 반드시 저작권자와 도서출판 상상인의 동의를 받아야 합니다.
* 이 도서의 국립중앙도서관 출판시도서목록(CIP)은 서지정보유통지원시스템 홈페이지(http://seoji.nl.go.kr)와 국가자료공동목록시스템(http://www.nl.go.kr/kolisnet)에서 이용하실 수 있습니다.